次の本へ V3

しごと編

神戸新聞「次の本へ」取材班

苦楽堂

次の本へＶ３しごと編

神戸新聞「次の本へ」取材班

苦楽堂

まえがきに代えて

教科書に載っているような「文学の名著」だけが本でしょうか？　本屋さんや図書館には、入門書、レシピ本、絵本、コミック、写真集、エッセイ、流行小説、ビジネス書……さまざまな本が置かれています。本は、いろいろあるから面白い。その面白さを知る人に話を訊きに行こう――この発想が本書『次の本へV3しごと編』のスタートラインです。

街で暮らす「さまざまなしごとをしている人」に、本のジャンルを問わず、1冊の本から2冊目へとつながっていくお話を訊く……という連載をやりませんか――神戸新聞社・文化部記者の平松正子さんにご相談に行ったのは2015年の夏でした。平松さん、このご相談をどう思われましたか？

「面白そう、と思いました。ちょうど夕刊紙面のリニューアルを考えているときでもあり、連載企画『次の本へ』をやることを決めました」

取材はたいへんではありませんでしたか？

「それはもう(笑)。でも、面白かったですよ。取材にうかがう前に2冊の名前を教えていただくときもあったのですが、『この本と、この本が、どうやってつながるんだろう？』と想像するのは楽しかった。1冊の本のお話を訊く取材は今までもありましたけど、2冊のお話を訊くことで、点が、線になる。その方の歩いてきた道や人生の転機が見えてくる。これはほんとうに面白かった。今まで何度もお会いしていた方から初めてお聞きするお話も多かったですね」

神戸新聞夕刊連載「次の本へ」は2015年10月に始まり、18年6月に最終回を迎えました。どなたに取材されるかのご判断は記者さんたちにお任せしました。日々、神戸の街を(さらに広く兵庫県内の他の街も)歩いて取材している地元紙記者の皆さんのフットワークと、街で暮らす方たちとのつながりが伝わる素敵な連載になりました。記事を書かれた平松正子さん、太中麻美さん、新開真理さん、堀井正純さん、松本寿美子さん、取材・ご執筆、そして書籍化に際しての加筆・改稿ありがとうございました。

なお、本書では「しごと」の意味を広くゆったりと捉えました。主婦も、子育ても、高校生が学校で学ぶことも、この本は広い意味での(そして大事な)「しごと」と考えています。

注・文中の年齢、肩書などはいずれも新聞紙面掲載時のものです。新聞掲載時に固有名詞で書かれていた「しごと名」の一部は、全国の読者の皆さまに伝わりやすいよう、苦楽堂編集部にて変更しました。また、兵庫県外の読者の方、そして若い読者の方にはわかりにくいかも……と思えることばは、苦楽堂編集部が欄外に脚注を付記しました。

取材にご協力いただいた皆さまに、この場を借りて改めて御礼を申し上げます。皆さまの「本との出合いの物語」は、本書を手にされた読者の皆さまを「次の本へ」といざなう素敵な道しるべになります。取材にご協力いただき、誠にありがとうございました。

苦楽堂編集部

もくじ

012 育児休職中（画廊スタッフ） 林 淳子
『物物』から『「きりん」の絵本』へ

015 囲碁棋士 結城 聡
「JTB時刻表」から『全国鉄道事情大研究 神戸篇』へ

018 異人館管理人 森本アリ
『沢田マンション物語』から『ジェイコブズ対モーゼス』へ

021 イタリア文学者 武谷なおみ
『イタリア紀行』から『セイレーン』へ

024 映画館支配人 林 未来
『東京トンガリキッズ』から『プラネタリウムのふたご』へ

027 駅長 岩田哲也
『思考は現実化する』から『甲陽軍鑑』へ

030 エステティシャン、作家 葉山ほずみ
『岡村靖幸 結婚への道』から『9番目の音を探して』へ

033 音楽ホールスタッフ 森岡めぐみ
『水の音楽』から『絵解き ヨーロッパ中世の夢』へ

036 画家　橋本 薫
『大千世界の生き物たち』から『鉛筆の先っちょ』へ

039 歌人　山田 麦
『月光の揚力』から『世界は蜜でみたされる』へ

042 楽器販売会社経営　庵原豊治
『福井モデル』から『ハーバード大学は「音楽」で人を育てる』へ

045 華道家、詩人　大谷典子
『詩のこころ・美のかたち』から『風姿花伝』へ

048 喫茶店主　今村欣二
『夕暮れに苺を植えて』から『お星さんが一つでた』へ

051 ギャラリーオーナー　正田朝美
『自分道』から『利休にたずねよ』へ

054 ゲームクリエイター　香山 哲
『任天堂公式ガイドブック スーパーマリオワールド』から『外骨という人がいた！』へ

057 外科医　沢田勝寛
『運命の法則』から『パワー・オブ・フロー』へ

060 劇団座長　久保田 浩
『EPITAPH東京』から『神戸大空襲』へ

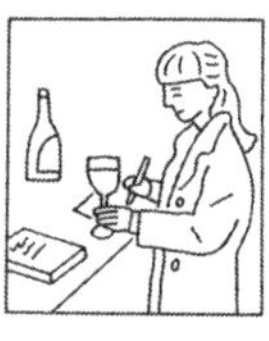

063 現代美術家 山村幸則 『日本のかたち』から『古窯遍歴』へ
066 工業高校生 山鹿比那子 『七人の犯罪者』から『GORILLA My God』へ
069 高校講師 藤本啓子 『シーシュポスの神話』から『ツァラトゥストラかく語りき』へ
072 公務員、美術家 古巻和芳 『山月記』から『モンガイカンの美術館』へ
075 高齢者文化研究者 上村くにこ 『図解！ あなたもいままでの10倍速く本が読める』から『椿の海の記』へ
078 古書店主 小沢悠介 『エッセンス・オブ・久坂葉子』から『神戸ものがたり』へ
081 子育て支援団体代表理事 高田佳代子 『もこ もこもこ』から『ごぶごぶ ごぼごぼ』へ
084 こどもコンサルタント、元保育士 原坂一郎 『怪獣大図鑑』から『特撮秘宝Vol.1』へ
087 コンサートホール運営・企画 安田英俊 『戦後日本のジャズ文化』から『芝居上手な大阪人』へ

090 **作家** 森 榮枝
『日の名残り』から『蛙鳴』へ

093 **シェフ** 近藤弘康
『まんがで読む古事記』から『らくらく読める古事記・日本書紀』へ

096 **詩人** 福永祥子
『赤い蝋燭と人魚』から『モモ』へ

099 **児童文学作家** 畑中弘子
『新編・鬼の玉手箱』から『山深き遠野の里の物語せよ』へ

102 **芝居プロデューサー** 中島 淳
『春画 秘めたる笑いの世界』から『カムイ伝講義』へ

105 **市民ランナー** 入江正彦
小説『風が強く吹いている』から漫画『風が強く吹いている』へ

108 **ジャズライブハウス元店主** 渡辺つとむ
『縄文人に学ぶ』から『アフリカで誕生した人類が日本人になるまで』へ

111 **主婦、生協クリエーター** 武道由佳子
『小林カツ代 料理の辞典』から『からだにおいしい魚の便利帳』へ

114 **障害児支援施設運営** 本田信親
『自閉というぼくの世界』から『自閉症の僕が跳びはねる理由』へ

117 小学校図書ボランティア 宍戸祐子
『図工準備室の窓から』から『世界地図の下書き』へ

120 小児科医 堀忠
『東ローマ帝国における病院の発祥』から『近代以前の医学におけるハンセン病』へ

123 書店支社長 林善一郎
『君といつまでも―若大将半生記』から『社会防災の基礎を学ぶ』へ

126 女優、大学講師 本田千恵子
『ディズニー名作絵話』から『ガラスの仮面』へ

129 スイーツ情報発信会社経営 三坂美代子
『沙門空海唐の国にて鬼と宴す』から『海賊とよばれた男』へ

132 川柳作家 妹尾凛
『ヴァン・ゴッホ・カフェ』から『この本をかくして』へ

135 ダンサー 田中幸恵
『ELEMENTARER TANZ』から『大野一雄 稽古の言葉』へ

138 ダンスNPO代表 大谷燠
『暗黒のメルヘン』から『BALTHUS』へ

141 探偵小説愛好会主宰 野村恒彦
『鬼火』から『風が吹く時』へ

144 地域こどもカフェ代表 中村保佑 『へろへろ』から『罪の声』へ
147 通販会社経営 矢崎和彦 『お家さん』から『鼠』へ
150 鉄道運転士 福田隼人 『ハンバーガーの本』から『アメリカ南部の家庭料理』へ
153 テレビディレクター 合田俊介 『ももこの話』から『春画入門』へ
156 図書館職員、講談師 川東丈純 『少年動物誌』から『ほんまにオレはアホやろか』へ
159 日本舞踊家 若柳吉金吾 『華の碑文』から『狂王伝説 ルートヴィヒ二世』へ
162 能楽プロデューサー 千葉定子 『父の石楠花』から『驟り雨』へ
165 バー経営 林 佐江子 『家族という病』から『神様が持たせてくれた弁当箱』へ
168 俳人 津川絵理子 『神戸』から『明石』へ

171 「話し方」指導者　川邊暁美　『海からの贈りもの』から『たいせつなこと』へ

174 バレエ教室主宰　井上直子　『利休道歌に学ぶ』から『インナーパワー』へ

177 ピアノ調律師　番匠 守　『ピアノの巨匠たちとともに』から『スタインウェイができるまで』へ

180 美術家　金子祥代　『松林図屏風』から『花鳥の夢』へ

183 美術収集家、元産婦人科医　三浦 徹　『心偈』から『元気なうちの辞世の句300選』へ

186 ピンク映画情報誌編集発行人　太田耕耘キ　『桃尻娘』から『パンとペン』へ

189 フィルムオフィス代表　松下麻理　『シビックプライド』から『神戸ものがたり』へ

192 複合文化施設広報担当　大泉愛子　『ぶらんこ乗り』から『シンジケート』へ

195 筆文字&パステルアートクリエイター　石井久美子　『ペツェッティーノ』から『クレーの天使』へ

198 フリーアナウンサー、ヨガサロン主宰　奥窪峰子
『ジャングルの子』から『食べて、祈って、恋をして』へ

201 ホテルスタッフ　西橋 悦
『「学ぶ」ということの意味』から『日日是好日』へ

204 ホテルステーキハウス料理長　鍬先章太
『道をひらく』から『プリズンホテル』へ

207 マジシャン　松原俊生
『マジック入門』から『吾輩は猫である』へ

210 マンガーソングライター　本町 靭
『蛸の八ちゃん』から『タコは、なぜ元気なのか』へ

213 マンガカフェオーナー　山本真知子
『小石川の家』から『こんなこと（あとみよそわか）』へ

216 遊覧船航海士　藤井研二
『白洲次郎 占領を背負った男』から『人生で大切なことは海の上で学んだ』へ

219 ラジオ記者　西口正史
『九月、東京の路上で』から『一九四五年夏 はりま』へ

222 冷麺屋4代目　張 守基
『はいくないきもの』から『なずな』へ

育児休職中（画廊スタッフ）

林　淳子さん(42)

『物物』から『「きりん」の絵本』へ

わくわくする目で物を見る

「この本のおかげで、以前読んだ浮田要三先生の本と出合い直せた」。神戸市兵庫区在住の画廊スタッフ、林淳子《じゅんこ》さんが笑顔で差し出したのは、まるで科学書のようなグレーの地味な装丁の本だった。『物物《ぶつぶつ》』。画家猪熊弦一郎が国内外で集め、身近に飾り慈しんだ人形や食器、道具など多様な「物」を写真と短文で紹介する。

猪熊はパリで巨匠アンリ・マティス*に師事し、ニューヨークでも活躍した昭和期の洋画家。モダンな画風で知られる一方、自らにとり美しい物、愛《いと》おしい物を多数集めアトリエを彩った。『物物』は、猪熊の収集品から、スタイリスト岡尾美代子さんが選んだ約100点を写真家ホンマタカシさんが撮影し、編集構成した1冊。

刊行に合わせ、3年前、丸亀市猪熊弦一郎現代美術館（香川県）で企画展「物物」が催され、本に収録された雑貨などの実物とホンマさんの写真が一緒に並んだ。林さんは手元の本を、この企画展会場で入手した。「おにぎりみたいな三角の石ころがあ

＊アンリ・マティス（1869～1954）原色主体の色彩と粗野で力強い描き方を特徴とする「フォービスム（野獣派）」を代表するフランスの画家。切り絵、版画、彫刻でも知られる。フランスのニースにマティス美術館がある。

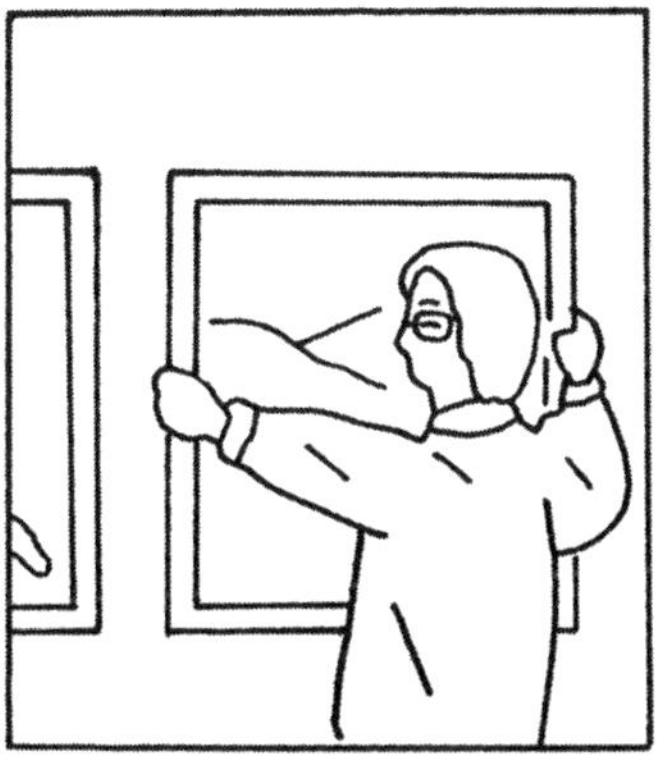

るなど、収集品は造形性や美意識が面白く、何度眺めても新鮮。モノに対する画家の思い入れが伝わってくる。日常の中で自分好みの美を発見する『目』や『心』に触れ、わくわくした」。

　出産後の育児で休職中だが、10年以上、神戸市内の画廊で働いてきた林さん。仕事柄、絵画や彫刻のほか、数々の作品集も目にしてきたが、「私にとって『物物』は大人のための絵本みたいな存在。シンプルな写真も岡尾さんとホンマさんがブツブツつぶやくようなな会話もいい」と思い入れを語る。

　そして、そんな〝絵本つながり〟で再読したのが、２００8年に著者の浮田要三さんから贈呈された『「きりん」の絵本』だ。戦後関西で、児童らの作文や詩を掲載した月刊誌「きりん」の表紙絵を集め再録した「表紙絵集」。浮田さんは「きりん」創刊時からの編集者で、後に自らも美術家となり、吉原《よしはら》治良《じろう》率いる前衛集団「具体美術協会」*に参加した。「きりん」の表紙絵には、伸びやかな子どもたちの絵のほか、吉原や白髪《しらが》一雄、田中敦子ら「具体」メンバーの斬新な抽象画も用いられた。

「浮田さんは2年前に亡くなられたが、アトリエへ伺ったり、画廊で開いてもらった

※具体美術協会　1954（昭和29）年、洋画家・吉原治良たちが結成した前衛美術団体。メンバーは型破りのパフォーマンスや大胆な抽象画を多数発表。72（昭和47）年、吉原が没し解散。

個展でいろいろ教えていただいたりした。大人と子どもが背中合わせで存在するような、鋭い感性をお持ちだった」と懐かしむ。
林さんの本棚には『物物』と『「きりん」の絵本』が隣り合って並ぶ。「長女はまだ1歳。もう少し大きくなったらこの2冊をぜひ見せたい。子育てをするようになり、『きりん』に載った児童画の魅力もより深く感じるようになった。2冊にはどこか共通する感性がある気がする。娘にも、猪熊さんや浮田さんのような、素直にわくわくする気持ちを大切に持ち続けてほしい」。

（2015年12月24日／堀井正純）

『物物』

2012年、ブックピーク刊。「いのくまさん」と呼び親しまれた香川県出身の画家猪熊弦一郎が旧蔵した愛らしいモノたちを、写真とともに紹介。丸亀市猪熊弦一郎現代美術館などが監修。作家堀江敏幸のエッセーも収録。

『「きりん」の絵本』

浮田要三、加藤瑞穂、倉科勇三著。2008年、きりん友の会刊。1948～62年に大阪で発行された児童詩誌「きりん」の表紙絵を原寸大で収録。「きりん」には兵庫ゆかりの詩人竹中郁《いく》、坂本遼らもかかわった。

囲碁棋士

結城　聡さん(44)

「JTB時刻表」から『全国鉄道事情大研究 神戸篇』へ

頭の中に築く理想の路線

囲碁棋士結城 聡《さとし》九段(神戸市西区)には鉄道をこよなく愛する「鉄ちゃん」の顔がある。しかし、一般的にイメージする「乗り鉄」や「撮り鉄」とは違う。時刻表や路線図のオタクなのだ。

当時の史上最年少(関西棋院)でプロ入りした12歳ごろ。父親から月々変わる全国の時刻情報が網羅された「JTB時刻表」を買ってもらった。電車好きの結城少年は、細かな数字が並んだページに夢中に。行ったこともない駅、乗ったこともない路線の時刻表を追い、「この特急が1分早く駅に着いたら乗り継ぎにいい」「停車駅をこっちに変えたらどうなるか」などと想像を膨らませた。

「妄想です。囲碁好きには算数が得意な人が多く、数字に強い。僕もそう。数学はダメなんですけど。だから時刻表にも通じるんじゃないでしょうか」

中学時代には全国の地図帳を見つめ、どんな山があろうが架空のトンネルで突っ切

り、頭の中で次々と新たな路線を築いていった。20代のころは青春18きっぷで、あちこちに足を運んだ。「東京から西の路線はほぼ9割乗りました。ただし東京から北が手薄。時間も体力もあったから、もっと行っておけば良かった。悔やまれます」。

妄想は自然、自分にとって都合が良いものになる。例えば阪神間で描く一つが、こうだ。

「阪急今津《いまづ》線は西宮北口駅で今津行きと宝塚行きが分かれていますが、昔は線路が神戸線と十字交差しているのが名物でした。危険なため廃止されましたが、乗り換えが必要になり不便。だからそれを立体交差で復活させてつなげ、さらに阪神と阪急を今津駅で直通させる。今は阪神なんば線*ができているから、阪急宝塚駅から奈良行き直通急行もつくれる。さらに新幹線が通る甲東園《こうとうえん》に停車駅をつくれば……」と語り出したら止まらない。沿線に住む同僚に提案すると『いいですね、政治家になってくださいよ』と言われた。それは無理」と笑う。

そうした妄想をより現実的に具体化し、改善策を提案するのが川島令三《りょうぞう》著『全国鉄道事情大研究』という。「神戸篇」が刊行されたのは25年も前になる。

＊阪神なんば線　阪神電気鉄道が運行する鉄道路線。尼崎駅（兵庫県尼崎市）から大阪難波駅（大阪市）を結ぶ。2009年３月開通。阪神・西九条駅（大阪市）〜近畿日本鉄道・大阪難波駅間は、阪神・大阪市・大阪府などによる第３セクター「西大阪高速鉄道」が敷設し阪神が運営。大阪難波からは近鉄奈良線に接続。

「僕が読んでも難しいので、鉄道をよく知らない人には訳が分からないかもしれませんが、マニアにはたまらない。これは最高です」と絶賛する。本書の影響なのか、実際に書かれている通りになった事例もあるとか。

現在、神戸市営地下鉄の西神《せいしん》・山手線沿線に暮らす。「海岸線*には新長田《しんながた》駅で乗り換えるんですが、これが離れていて、だいぶん歩かされる。同じホームでできるようになれば、僕は神戸新聞さんがあるハーバーランド駅にも行きやすくなるし、海岸線の利用者も増えると思うんですが……」。神戸市さん、何とかなりませんか。

（２０１７年2月2日／松本寿美子）

「ＪＴＢ時刻表」

ＪＴＢグループのＪＴＢパブリッシングが発行する月刊の時刻表。１９２５年に創刊された。交通新聞社が発行する「ＪＲ時刻表」もある。

『全国鉄道事情大研究 神戸篇』

１９９２年、草思社刊。著者の川島令三は50年、兵庫県生まれ。芦屋高校鉄道研究会などを経て「鉄道ピクトリアル」編集部に勤務後、鉄道アナリスト。

＊神戸市営地下鉄海岸線　2001年、三宮・花時計前駅〜新長田駅間（10駅、7.9km）で開業。開業時の利用者数は１日8万人、４年後には13万人と設定されたが、18年の実数は４万人強。17年度末の累積赤字額は968億円。

異人館管理人

『沢田マンション物語』から『ジェイコブズ対モーゼス』へ

森本アリさん（41）

我流で道を切り開く

神戸・塩屋のシンボルともいえる異人館「旧グッゲンハイム邸」。森本アリさん（神戸市垂水区）は、一時解体の恐れもあったこの洋館を運営管理する。知人の薦めで『沢田マンション物語』を手にしたのは十数年前。旧グッゲンハイム邸の保存維持のため、アリさんら家族で私財を投じ異人館を購入する前のことだ。

沢田マンション（沢マン）とは、高知市内に、大家である沢田夫妻が業者に頼らず、自力で造り上げた巨大な〝手作り〟集合住宅。本には夫妻の生き方や沢マンの魅力が軽妙につづられていた。「鉄骨鉄筋コンクリート造りの5階建てマンションを夫婦で造ってしまうのだからすごい」とアリさん。1970年代に着工。約30年かけ増築を繰り返した建物は迷路のような構造で、外観から「軍艦島マンション」「日本の九龍城《クーロン》」の異名もとる。屋上にはクレーンがそびえ、菜園や鳥小屋も。かつては田んぼまであった。5階が大家の自宅。1～4階が賃貸で約70世帯が居住する。今夏初めて現地を訪

ねた。

「もともとプロではない人が独力で築いたセルフビルドの建物に興味があった」とほほえむ。自ら何でも作ろうとする沢田夫妻の精神やたくましさに共感するといい、『沢田マンション物語』を「僕のバイブル」と熱く語る。

自らも旧グッゲンハイム邸の敷地内の小さな建物を仲間らと改修改築し、若者向けのシェアハウスを営む。「本音を言うと、僕には立派な異人館より、裏手にあったこの長屋的建物の方が面白かった。自由に使えるようになりワクワクした」。

大学時代、父の祖国ベルギーへ留学したが、帰国後、マンション建設など再開発による塩屋の街並みや環境の変化に危機感を抱き、地元の景観保全や街づくり活動にかかわるようになった。目指すのは「人間サイズの街」。海と山に近く下町風情が残る塩屋の魅力を再発見する催しも数々企画してきた。

そうした活動の中、数年前出合った1冊が『ジェイコブズ対モーゼス』だ。１９７０年代まで、ニューヨークで絶大な力をふるった都市計画家ロバート・モーゼスと、彼が強引に推進しようとした高速道建設などの再開発計画に反対する住民運動を主導した主婦でジャーナリスト、ジェイン・ジェイコブズとの闘いを描く。勝利したのは、都市計画の専門家ではないジェイコブズ。自動車中心で人間不在の街づくりを疑問視し、「ダウンタウンは人々のもの」を合言葉に市民らを引っ張った。「巨大な権力に立ち向かい打ち負かすジャイアントキリング（番狂わせ）が痛快だった」とアリさん。どちらの本でも、プロではない人物が独学我流、自らの情熱や強い意志で、無謀ともみえる夢や目標に挑み道を切り開く。「その生き方を見習いたい」。

（2015年10月29日／堀井正純）

『沢田マンション物語』

2002年、情報センター出版局刊。古庄《こしょう》弘枝著。鉄筋コンクリート建築の専門家ではない夫婦が高知市内に2人で築いた〝セルフビルドマンション〟の誕生秘話や夫婦の歩みを紹介するノンフィクション。

『ジェイコブズ対モーゼス』

2011年、鹿島出版会刊。アンソニー・フリント著、渡邉泰彦訳。ニューヨークの「開発」と「保全」をめぐる、都市計画の専門家と住民との壮絶な闘いを題材にしたノンフィクション。

イタリア文学者

『イタリア紀行』から『セイレーン』へ

武谷なおみさん

シチリアから読み解く世界

小学5年のとき、オペラ歌手ジュリエッタ・シミオナートの歌声をテレビで聴いて以来、イタリアのとりこになったというイタリア文学者の武谷《たけや》なおみさん（神戸市東灘区）。ドイツの文豪、ゲーテの書いた『イタリア紀行』との出合いは高校2年生だった。岩波文庫で全3冊にわたる大部の著述の中で、とりわけ少女を引きつけたのは中巻の「シチリア」にまつわる記述だ。例えば……。

〈シチリアといえば、私にはアジアやアフリカを意味している〉（1787年3月26日）

〈自分の身のまわりを海に取り囲まれたことのない人は、世界という概念も、世界と自分との関係も、理解することはできない〉（同4月3日）

〈シチリアにこそすべてに対する鍵があるのだ〉（同月13日）

「ギリシャ神話の世界を体感し、ドイツ的理性が覆されたのでしょう。パレルモに着いたゲーテが、さっそく本屋へホメロス*を買いに行くのも印象的。人類の記憶の保管

＊ホメロス　古代ギリシアの詩人。前9世紀ごろアナトリア（現在のトルコ）に生れ、吟遊詩人としてギリシア諸国を旅したとされる。

所のようなシチリアは古来、人を執筆に駆り立ててきた」

そう話す武谷さんもまた、シチリアに駆り立てられた一人だ。京都大学大学院に在学中は周囲から「広くイタリア本土の作家を研究しては？」と諭されたが、逆に「シチリアから世界を見よう」との思いが固まった。

ゲーテの紀行文は、いわば「外から見たシチリア」。ならば「内から見たシチリア」はどう描かれてきたのか？　新たな問いに答えてくれたのが、名作「山猫」で知られるシチリアの貴族作家ランペドゥーザの短編「セイレーン」だった。

セイレーンは、ホメロスの叙事詩「オデュッセイア」にも登場する海の怪物。美しい歌声で船乗りたちを惑わす。ランペドゥーザの小説では、ファシズム時代のトリノを舞台に、若き新聞記者とギリシャ古典の大家が、共通の故郷である「シチリア」について対話を重ねる。

「ユダヤ人追放令の出された年に始まり、米軍の空爆で終わる物語。老教授の形見のセイレーンが描かれた壺《つぼ》は砕け、蔵書は朽ち果てていく。短編の中にヨーロッパの歴史文化が凝縮され、アメリカの効率主義に対する痛烈な皮肉もある。現代人が生き延びる知恵も、ここから読み解けるかもしれません」

伝説的オペラ歌手の歌に導かれて日伊を往来し、〈すべてに対する鍵〉を探し求めてきた武谷さん。「セイレーン」を含む『ランペドゥーザ全小説』の翻訳で、今年「地中海学会賞」を受けた。「文学のトポス(場)」と自ら呼ぶシチリアへの旅は続く。

(2016年11月5日/平松正子)

『イタリア紀行』

ヨハン・ウォルフガング・フォン・ゲーテ(1749~1832年)著。1786~88年、長年の憧れだったイタリア各地を巡った旅行記。詩人ゲーテを完成させた旅といわれ、日本では相良《さがら》守峯《もりお》訳の岩波文庫などがある。

『セイレーン』

ジュゼッペ・トマージ・ディ・ランペドゥーザ(1896~1957年)著。没後に刊行された『山猫』はルキノ・ヴィスコンティ監督の映画作品でも有名。脇功、武谷なおみ共訳『ランペドゥーザ全小説』は作品社刊。

映画館支配人

『東京トンガリキッズ』から『プラネタリウムのふたご』へ

林 未来さん(41)

サブカルの道に導かれて

「内気でいつもうつむきがちに本を抱えて歩いているような子どもだった」という元町映画館（神戸市中央区）の支配人・林未来《みらい》さん。京都で過ごした小学時代は少女向けのコバルト文庫や少女マンガを愛読。中学時代は本から離れた時期もあったが、15歳で手に取った小説『東京トンガリキッズ』が、自らの生き方を決定づけたといっても過言でない。「サブカルへの道の第一歩だった」と懐かしむ。

1980年代半ば、新世代のサブカルチャーの担い手として注目を浴びた中森明夫の小説デビュー作。書店で中森の小説第2作『オシャレ泥棒』の表紙に心惹《ひ》かれ〝ジャケ買い〟し、次にページを繰ったのが『東京トンガリキッズ』だった。「坂本龍一になりたい」など、少年少女らの青春を切り取った短編で編まれている。刊行から既に数年たっていたが、六本木のライブハウス「インクスティック」の熱気など、描かれた東京の若者文化や日常に憧れた。RCサクセションやザ・ブルーハーツ、戸川純ら

の名曲が、各短編のBGMとして記されているのも面白かった。以来、中古レコード店や古着店を巡るようになり、地元京都のライブハウスを訪ね、漫画誌「ガロ」などにも手を伸ばした。「おかげで道を踏み外した」と苦笑する。

甲南女子大に通った大学時代、そこに映画が加わった。知人女性の影響で8ミリ映画を撮り始め、レオス・カラックス*監督やジム・ジャームッシュ*監督らのアート系映画に目覚め、ミニシアターにも通った。俳優ではまったのはイタリアの名優マルチェロ・マストロヤンニ*。サブカル少女はそのまま大人となっていく。

個性的な映画や音楽を偏愛しつつ、本では小説を乱読。『東京トンガリキッズ』以来、自分が本当に何を愛し、求めているかを再確認させてくれたのが、いしいしんじの『プラネタリウムのふたご』だった。読んだのは10年ほど前。「渦に巻き込まれるようにその世界に浸った。読み終えて放心状態になった」。宮沢賢治にも通じるファンタジックな世界で、星や宇宙の話、奇術、サーカスなど好みの題材も満載。いしいのストーリーテラーとしての才能は、『ぶらんこ乗り』で既に知っていたが、『プラネタリウム

＊カラックス（1960〜）フランスの映画監督。83年の長編デビュー作「ボーイ・ミーツ・ガール」でカンヌ国際映画祭批評家週間ヤング大賞を受賞。
＊ジャームッシュ（1953〜）アメリカの映画監督。84年「ストレンジャー・ザン・パラダイス」でカンヌ映画祭カメラ・ドール賞受賞。
＊マストロヤンニ（1923〜96）イタリアの俳優。87年「黒い瞳」でカンヌ映画祭男優賞受賞。

のふたご』は「圧倒的な『物語の力』で、ああ、私は現実よりも『物語』が好きなんだと明確に気付かせてくれた」。何度も読み返し、実感した。「私は物語なしでは生きていけない」と。

大学卒業後、映画館の映写技師や地元情報誌の編集者などを務め、2年前に元町映画館の支配人に。年間200本以上の映画を鑑賞する。「好きな仕事で楽しいが、多忙で最近は随分読書量が減った。読みたい本が部屋に山積み」と悩みを語りつつ、まだ知らぬ「物語」との出合いに期待する。

（2015年11月19日／堀井正純）

『東京トンガリキッズ』

中森明夫（1960年〜）著、1987年、JICC出版局刊。80年代にサブカル誌「宝島」に連載され、トンガった若者たちの熱狂的な支持を得てベストセラーとなった青春小説。

『プラネタリウムのふたご』

いしいしんじ（1966年〜）著、2003年、講談社刊。プラネタリウムを〝家〟にして育った、捨て子の双生児の数奇な運命を描く、哀切で美しい、大人のための童話的物語。

駅長

岩田哲也さん(42)

『思考は現実化する』から『甲陽軍鑑』へ

勝てるチーム どうつくる

〈負けると思ったらあなたは負ける／負けてなるものかと思えば負けない（中略）勝利を収めるのは〝私はできる〟と思っている人なのだ〉

中学を卒業する時、担任教諭から一編の詩が配られた。成功哲学を説いたアメリカの著述家ナポレオン・ヒルが著書の中で紹介している「信念の詩」だった。高校から社会人になるまでラグビーに打ち込んできたＪＲ新神戸駅駅長の岩田哲也さんは、岐路に立つたびこの詩を読み返してきたという。

詩が載っていたヒルの著書『思考は現実化する』を手にしたのは、ラグビーの強豪・報徳学園高校に進んでから。「1冊が1500円で全3巻。高校生には高かったけれど、小遣いで初めて買った本です。自宅から2時間近くかかる通学電車でこれを読んだのが、本好きになるきっかけでしたね」と振り返る。

ヒルの理論は主に経済的成功を説いたものだが、岩田さんはここからチームづく

りを学んだ。「団体競技で最多の15人で戦うラグビーでは、1人だけが強い信念を持っていても勝てない。いかに協調しつつリーダーシップを発揮するか。本の中の言葉を日記に書きとめ、チーム全員の意思統一を目指しました」。

さらに明治大学へ進むと、ラグビー部員は120人を超えていた。より大きな組織で戦うための指針としたのが『甲陽軍鑑《こうようぐんかん》』。武田信玄・勝頼の2代にわたる甲州武士の軍学書だ。「信玄の時代はまだ鉄砲が主流ではなく、生身の体で戦う点でラグビーに通じる」と考えたのだ。

とりわけ岩田さんの興味を引いたのは、甲州法度《はっと》の第55条。「信玄の振る舞いに異存があれば、貴賤《きせん》を問わず申し出よ」というものだ。「組織運営で最も大切なのはコミュニケーション。上に立つ者の過ちをただすのは難しいが、それを自ら明文化した点が見事ですよね」と感嘆する。

大学3年の1月に阪神・淡路大震災が発生。その後、古里神戸の人々が鉄道の復旧に歓喜する姿を見て、翌年JR西日本に就職した。当時、同社ラグビー部「レイラーズ」は創部して間もなかったが、岩田さんの入部後、関西社会人DリーグからトップウエストAリーグへと勝ち上がっていった。

現在は現役を引退し、母校明大のセレクター（選手選考委員）として有望な高校生を発掘したり、子どもたちを指導したり、ボランティアで後進の育成に尽くす。

「ヒルの成功哲学も甲陽軍鑑も、その時々に必要な言葉を教えてくれた。そうして40歳を過ぎ、そろそろ恩返しをする年齢になったのでしょう。同僚や乗客、子どもたちに対しても、常に相手の立場を思いやりつつ接したい。どんな大きな組織も、結局は人間が動かすのですから」

（2016年4月7日／平松正子）

『思考は現実化する』

ナポレオン・ヒル（1883〜1970年）著。鉄鋼王カーネギーの依頼で500人以上の成功者に取材。20年がかりで成功哲学を体系化した。日本語版は田中孝顕《たかあき》訳で、きこ書房から刊行されている。

『甲陽軍鑑』

江戸時代初期に編まれた軍書。武田家の老臣・高坂《こうさか》昌信（1527〜76年）の筆録とされ、信玄・勝頼2代にわたる事績や合戦、刑政、軍法を記す。佐藤正英校訂・訳のちくま文庫版などが出ている。

エステティシャン、作家

葉山ほずみさん

『岡村靖幸 結婚への道』から『9番目の音を探して』へ

人生、普通じゃなきゃダメ?

関西の文芸同人誌界で活躍する葉山ほずみさん(神戸市西区)は、インターナショナルエステティシャンの資格を持つ異色の作家だ。「3カ月先まで予約がいっぱい」という多忙な日々の中、40代に突入した3年ほど前に激しい〝普通コンプレックス〟に陥ったという。

「当時、友達やお客さまから『自分は結婚に向いてないのでは』という悩みを聞かされることが多くて。私自身は20代の終わりに結婚したけれど、子どもは持たない選択をした。結婚して子どもを産んで家を建てて……という普通の人生を送れていないことに、罪悪感みたいなものを感じていたんですよ」

折しも、そんな迷いを晴らすように刊行されたのが『岡村靖幸 結婚への道』。50代独身のシンガー・ソングライター岡村靖幸さんが、結婚経験者や独身主義者、結婚・離婚を繰り返す人、LGBT(性的少数者)など、計32人に取材したインタビュー集である。

相手は内田春菊、糸井重里《しげさと》、柳美里《ゆうみり》、坂本龍一、ミッツ・マングローブら、実に多彩。「結婚って何？」「同棲じゃダメ？」という岡村さんの直球すぎる質問に対し、赤裸々に実体験を語る。当然ながら、答えはバラバラだ。結婚とは「本能」「絶対愛」「共同幻想」「マンネリとの戦い」……。

「32人いれば32通りの結婚観がある、そんな当たり前のことも見えなくなるほど、画一的な〝普通の幸せ〟のイメージをすり込まれて育ってきた。人生の選択に、正解も間違いもない。自分のした結婚、あるいは結婚しないという決断を引き受け、堂々と生きていけばいいんですよね」

普通なんかじゃなくたって、これまでの人生はひとまずオッケー。でもここから先は？　そこで2冊目の本、大江千里《せんり》著『9番目の音を探して』へと読み進むことになった。岡村さんと同様、著者は葉山さんが中高生の頃から愛聴してきたミュージシャン。その大江さんが10年前、日本での活動を全て休止し、ジャズを学ぶためにニューヨークの音楽大学へ留学した体験記だ。

同級生たちは20歳前後。教授には〈この学校始まって以来の劣等生〉と言われ、プライドは粉々に。「きれいごとは一切なし。47歳の泥くさい青春が、ありのまま書いてある」。特に心ひかれたのは〈人生はそれほど悪くなく、進む。そしてそれほど悪くなく、よどむ〉というフレーズ。「くじけそうなときに背中を押してくれる。この本は、人生の先輩からの贈り物」。

2冊を読み終えると、長らくわだかまっていたコンプレックスは、きれいに消え去っていた。普通じゃない人生も、また素晴らしきかな。

（2018年1月25日／平松正子）

『岡村靖幸 結婚への道』

岡村靖幸（1965年〜）著。2015年、マガジンハウス刊。ファッション誌「GINZA」で連載中の人気対談の書籍化。ミュージシャンの岡村がインタビュアーに徹し、豪華ゲストの結婚観に迫っている。

『9番目の音を探して——47歳からのニューヨークジャズ留学』

大江千里（1960年〜）著。2015年、KADOKAWA刊。47歳にしてポップミュージシャンからジャズピアニストへの転身を決意した著者の奮闘記。続編『ブルックリンでジャズを耕す』も出版されている。

音楽ホールスタッフ

『水の音楽』から『絵解き ヨーロッパ中世の夢』へ

森岡めぐみさん

女性が持つ力への憧れ

大阪城公園に近接する関西屈指の音楽ホール「いずみホール」企画部次長、森岡めぐみさん(西宮市)にとって、心が弾む本との出合いはいつも図書館の書棚に潜んでいる。

3年ほど前に読んだ青柳《あおやぎ》いづみこ著『水の音楽』もそうだった。タイトルとともに目に留まったのは装丁の美しさ。英国の画家ウォーターハウスの名画「ヒュラスと水の精」が使われている。睡蓮《すいれん》の泉から現れた、長いぬれ髪と色白の裸体の女性たちが美少年ヒュラスを引き込もうとしている様子が描かれ、「演劇の一場面を切り取ったようでしょう」とうっとりする。

『水の音楽』は、ドビュッシー作曲のオペラ「ペレアスとメリザンド」のヒロインで、無意識のうちに夫の弟を引きつけるメリザンドと、ラベル作曲の「夜のガスパール」の題材となり、人間の男性を誘惑するも失敗する水の精オンディーヌに、音楽がどう関わっているのかを考察する。

「水と女性と芸術という興味深い結びつきを論証していく着想がいい。日本にも京都・宇治橋の橋姫伝説など異界とつながる水と女性の話があるが、抑圧された中世が生み出したのか。想像力を刺激してくれる」

西宮で育ち、中学・高校は神戸海星女子学院に通った。海を見下ろすミッションスクールでの日々が、西洋や水にちなむ物語への興味を育んだのか。『アンジェリク』*や『風と共に去りぬ』など、たくましく生きる女性の生涯を描いた本も大好きだった。「女子校はリーダーも女性だから、自立心が旺盛だったのかな」と振り返る。

そして次なる本は、やはり図書館の棚に並んでいたジャック・ル・ゴフ著『絵解きヨーロッパ中世の夢』。中世の伝説や神話にまつわる4人の女性が登場する。実は翼がある蛇だが人間の男と結婚するメリュジーヌ、女性ながら高い能力でローマで教皇位まで上り詰めるが、女性としての一面も捨てきれず身ごもって命を落とす女教皇ヨハンナ……。

「自分自身が女性だからか、女性が持つ力への憧れや彼女らへの応援が、無意識のう

*『アンジェリク』　17世紀、ルイ14世時代のフランスを舞台とした大河小説。アン・ゴロン原作。主人公の少女・アンジェリクは政略結婚、陰謀の犠牲、夫の処刑といった苦難の果てに実業家として成功し……。木原敏江によるコミック版も刊行されている。

ちにあるのかも」。まだ夫婦共働きが珍しかった世代、仕事を続けながら息子2人を育て上げた。そんな歩みともつながっているのかもしれない。

本書は「絵解き」と冠するだけあって、画集のようで美しい。「ヘタウマというか、心の中のイメージがデフォルメされた絵がすてき。そうした人の根源的なイメージに触れることは癒やし。悲しいことがあっても自分を取り戻していける」。

夫とともに無類の本好き。先月、ついに図書館近くに引っ越した。「プロの司書が選んだ本が並ぶ書棚は洗練されている」と絶賛し、気に入った本は購入して手元に。「水脈のような」本から本への出合いを楽しんでいる。

（2016年5月12日／松本寿美子）

『絵解き ヨーロッパ中世の夢——イマジネール』

ジャック・ル・ゴフ著。樺山紘一・日本語版監修。橘明美《あけみ》訳。2007年3月、原書房。著者はフランスを代表するアナール学派*の中世史家。

『水の音楽——オンディーヌとメリザンド』

青柳いづみこ著。2001年9月、みすず書房刊。著者は1950年、東京生まれ。東京藝術大学大学院博士課程修了。ピアニストでありドビュッシー研究者でもある。

＊アナール学派　アナール（Annales）は「年報」の意味。1929年にフランスの歴史家リュシアン・フェーブルとマルク・ブロックが創刊した「経済・社会史年報」を拠点とし、新しい歴史学を提唱する学派。政治的事件を中心とする旧来の歴史学に対し、人々の日常生活や民俗学を採り入れる点に特徴がある。

画家

『大千世界の生き物たち』から『鉛筆の先っちょ』へ

橋本 薫さん(30)

絵の道へと背中押されて

夜の酒場で制作し、「薫画伯」と親しまれている画家、橋本薫さん（神戸市中央区）。細密な線と装飾的な文様《もんよう》で画面を埋め尽くす、モノクロのペン画で独特の世界を展開する。

絵の好きな少女で、画家に憧れていた。親にねだって買ってもらった不思議な本に心奪われ、さらに描くのに夢中になったのは中学3年のころ。それが『大千世界の生き物たち』だった。奇妙奇天烈《きてれつ》な生物の姿形や生態を、細かな線による白黒イラストと文で紹介する図鑑のような本だ。地下水道に住み着いた一つ目怪物マンホールマン、真夜中に象のような長い鼻から、眠る人々に夢を見続ける光る粉をかけて回るゼレファンタンケル……。クセのあるタッチで描かれた妖怪や精霊にも似た珍妙な71匹が、歌い笑い躍動する。バカバカしくもおおらかで、自由奔放な幻想世界。独特の空気感がたまらない。負けじと、自らもペンを走らせた。「私も妄想しながら描くタイ

プだけど、この本の画家もまさにそう。自分と同じでうれしくなった」。

作者は、現在神戸を拠点に活動する絵本画家スズキコージさん(70)。昨年末、神戸の画廊で念願の対面を果たした。実家を離れた今も本棚に飾り、手に取る大切な1冊だ。

中学卒業後は明石高校*美術科へ。同級生らのデッサンなどの腕前に圧倒され自信を喪失。家庭の事情などもあり、卒業後、絵の道を離れた。

『鉛筆の先っちょ』は、20歳前後のころ、祖父母の家で偶然見つけた。1960年代に雑誌「平凡パンチ」の表紙絵などで活躍したイラストレーター大橋歩《あゆみ》さん(77)が、仕事やファッション、子育て、日々の悩みなどを肩肘張らずにつづったエッセー集だ。「自信がありそうでなかったり、メソメソしてそうで意外と大胆だったり、私と似ていると感じた。自分の絵をヘタクソと自虐的に書いたり、棚ぼたで仕事がもらえたと打ち明けたり……。こんなふうでもいいんだと、軽い気持ちになれた」。それから折に触れ、読み返すようになった。

2年前、気まぐれで描いた知人の似顔絵をほめられ、「描く喜び」を思い出した。

＊明石高校　1923(大正12)年、明石市立明石中学校として開校。28(昭和３)年、県に移管し兵庫県立明石中学校と改称。48(昭和23)年、学制改革により兵庫県立明石高等学校に。83年、兵庫県の公立高校唯一の美術科(１学年40名)を設置。実習用施設として美術科棟を持ち、２年時には研修旅行でパリを訪れる。

情熱に火が付いて次々と制作し、SNS（会員制交流サイト）で発表、人気を呼んだ。国内にとどまらず、昨年はタイやマレーシアなどのカフェでも個展を開催。今年はパリでも開いた。

会社員と絵描き、二足のわらじを履いてきたが、近く画家一本に絞るつもりだ。回り道のような人生。だがそれも悪くなかった。「知らないうちに、大橋さんの本から踏み出す勇気をもらっていた気がする」。

（2018年3月29日／堀井正純）

『大千世界の生き物たち』

スズキコージ著、1994年、架空社刊。スッパラガス、タダノリンなど、奇妙な名のへンテコ生物の図鑑。月刊誌「子どもの館」（福音館書店刊）に連載された「大千世界の生き物たち」をほぼ当時の絵と文のまま掲載している。

『鉛筆の先っちょ――おんなの仕事と暮らし』

大橋歩著、1979年、大和《だいわ》書房刊。雑誌などで活躍したイラストレーターによるエッセー集。女性と仕事、主婦業、家族、夢など多彩なテーマについて本音を交え軽妙につづる。著者は近年、ファッションデザイナーとしても活躍。

歌人

山田 麦さん

『月光の揚力』から『世界は蜜でみたされる』へ

傲慢に切り捨てる表現

ボーイズ・ラブなどという聞こえのよい言葉もなかった1970年代の終わり、男性同性愛をテーマにした雑誌「JUNE《ジュネ》」が創刊された。異端の歌人・山田麦《むぎ》さん（加古川市）の文学はそこから出発する。

「作者も読者も、多くは少女と言っていい若い女性たち。ずっと性の対象にされてきた女が、男同士の性愛を娯楽として扱おうとしていた。別に同性愛に興味があったわけじゃない。あの雑誌は私たちのレジスタンスだったんです」

山田さんが愛読したのは90～2000年代。故・中島梓（作家栗本薫）の連載コーナー「小説道場」に、自作の投稿小説が取り上げられたこともある。「アマチュアの作品にも容赦ない叱咤《しった》と愛を浴びせてくる。書く技術より、物書きとしての矜持《きょうじ》が試される場でしたね」と懐かしむ。

同誌上でもう一つ異彩を放っていたのが、藤原月彦（歌人藤原龍一郎）選による投稿欄

「黄昏《たそがれ》詞華館」だった。後に自らも歌を詠み始めたとき、手本としたのが森島章人《あきひと》著『月光の揚力』。JUNE歌壇に「蘭精果《らんせいか》」の名で、耽美《たんび》的な歌を寄せていた人の歌集である。

〈リラをかかへて来る人ありき弾痕を閉ぢあはせたる片胸隠し〉〈訳もなく半裸ではしやぐ枕木と白き鉄線遠くに見た日〉……。

「作者の思いが先立ち、共感を得ようと説明的になる短歌とは大違い。生と死に引き裂かれそうな少年性が、様式美にのっとった古雅な表現でつづられる。三島由紀夫じゃないけれど、仮面をつけることで逆に生々しい告白になるのかも」

そこから表現のより深い地層へと掘り進もうとしていた矢先、「JUNE」誌で暗黒舞踏の特集が組まれた。記事で知った舞踏家大野一雄に興味を持ち、図書館へ調べに行って出合ったのが、飯田茂実《しげみ》著『世界は蜜でみたされる』だ。飯田は大野の弟子にあたる。

たった1行という最短形式の物語333編を収めた作品集。「切り捨てることで、逆に切れ味が増す。短歌にも小説にも通じるでしょうね」。描写はほとんどないのに、

作者の意図した世界観が皮膚感覚として伝わってくる。

「短いから作品の全てを支配し、読者の印象まで操作できる。私もその傲慢《ごうまん》さを持って書き続けたい」

「JUNE」というアンダーグラウンドな雑誌を介して読み進んだ2冊。両者に響き合う虚構性やエロチシズムや完全主義は、山田さんの短歌作品にも流れている。最後に、昨年の神戸短歌祭で新人賞を受けた山田さんの連作「ロベルト幻想」の中の一首を。

〈ひとすじの蛇を飲み込むようなもの 愛せないなら滅びよ、世界〉

（2016年1月7日／平松正子）

『月光の揚力』

森島章人著。1999年、砂子屋《すなごや》書房刊。森島さんは精神科医で、「蘭精果」の別名も持つほか、フランスの俳優、作家アントナン・アルトーの研究でも知られる。本書が第1歌集。

『世界は蜜でみたされる』

飯田茂実著。1998年、水声社《すいせいしゃ》刊。飯田さんはダンサー、演出家、小説家で、本書が第1作。書名は同名の絵画作品に由来するという。

楽器販売会社経営

庵原豊治さん(68)

『福井モデル』から『ハーバード大学は「音楽」で人を育てる』へ

音楽で地域の未来づくり

神戸・御影で「イハラ楽器」を経営する庵原豊治《いはらとよじ》さんが昨年、友人の薦めで読んだのが藤吉雅春著『福井モデル』。幸福度や子どもの学力、国立大学の就職率、共働き率の高さ、低い完全失業率、人口10万人あたりの社長数……。さまざまなランキングで必ず全国のトップか上位に登場する福井県。『福井モデル』はその秘密をリポートする。

その中で、眼鏡で有名な鯖江《さばえ》市の事例とともに触れられるイタリア・ボローニャ市。夕方になると人々がカフェに集まり、時には市長も呼び出し、飲み食いしながらざっくばらんに語らう。濃密な人間関係と信頼を築きながら情報を共有し、革新的な産業を創出し、強い中小企業が生まれる。井上ひさしが「市民総出でつくった町」と表現した姿に庵原さんは感銘を受けたという。

庵原さんが目指すのが、まさにそんなサロン文化の復活。約3年前から神戸市内の

レストランなどで月1回ペースで開いてきた「阪神間モダニズムの会」では、気鋭の音楽家を招き、彼らの演奏と料理を楽しみながら多彩な職業の数十人が会話を弾ませる。

「音楽を通じた異業種交流会のようになっていますよね。ボローニャのように、そこから何か面白いことが生まれ、神戸の街が元気になっていけばいい」

さらに『福井モデル』は、新たな発想を生む人材を育てるために福井大学が取り組んだ、教職大学院のアクティブ・ラーニングも取り上げる。街の未来のために大学が果たす役割を読みながら、次に手を伸ばしたのが菅野恵理子著『ハーバード大学は「音楽」で人を育てる』。

多様な価値観への理解、歴史のとらえ方、創造的な思考力、真理に迫る質問力……。それらを育むため音楽を教養として学ぶ米国の大学についてつづられる。音楽院と大学の単位互換制度もあり、音楽家を目指す音楽院の学生が大学で政治思想の講義を受けられるなど柔軟に彼らの向上心に応える。

庵原さんの会社では毎夏、欧州からピアニストを招き、若者ら向けにレッスンを開

＊アクティブ･ラーニング　教師が一方通行で生徒に講義するのではなく、生徒たち自身が参加する学習方法。グループディスカッションやディベート、体験学習などが含まれる。福井大学教職大学院では、座学だけでなく、院生である教師が勤務する現場＝教室に「出前指導」を行い、院生以外の教師も参加する学習方法を採っている。

いている。まさに、音楽から話題がいろんな分野に派生する様子を見聞きしてきた。

「海外の奏者は必ず受講生が考えるように促している。ただ単に譜面通りに弾くのではなく、君はこの曲をどのように表現したいのかと尋ねる。場合によっては曲がつくられた経緯や当時の社会背景も語って聞かせる。海外では音楽家同士でも互いの国の政治の話題になるから、自国のことを知らないと恥をかくそうですよ」

よりよい地域の未来のために何ができるか。庵原さんが次に構想しているのが「寺子屋」づくりという。「異業種のリタイア組と、ボランティアで子どもたちにいろんなことを教える場をつくろうかと考えています」。

（2106年4月14日／松本寿美子）

『福井モデル――未来は地方から始まる』

藤吉雅春著。2015年、文藝春秋刊。著者は1968年、佐賀県生まれ。元「週刊文春」記者。著書に井田真木子、高山文彦、野村進などのノンフィクション作家へのインタビュー集『ノンフィクションを書く！』（1999年、ビレッジセンター出版局）など。

『ハーバード大学は「音楽」で人を育てる――21世紀の教養を創るアメリカのリベラル・アーツ教育』

菅野恵理子著。2015年、アルテスパブリッシング刊。著者は音楽ジャーナリストとして海外のコンクールや音楽祭、音楽教育などを取材。

華道家、詩人

大谷典子さん

『詩のこころ・美のかたち』から『風姿花伝』へ

芸術が魂を浄化し、救いに

志望校ではなかった大学に籍を置き、将来を絶望していた19歳のとき、1編の詩と出合った。杉山平一《へいいち》さんの「花火」。後に自らも詩人となる大谷《おおたに》典子さんは、わずか6行からなるその詩を繰り返し読み、図書室の書棚の陰で泣き続けた。

「人生初の挫折を知り、自分を全否定していたころ。どぶに捨てられた花火のことを書いたオスカー・ワイルドの文章に、杉山先生が自身を重ねた詩を読んで、不遜ながら私もまたわが身を重ね、涙が止まりませんでした」

その日を境に学生生活は一変する。当時在学していたのは帝塚山学院大学。杉山さんは同短大の教授だった。早速、杉山さんが受け持つ「詩学」の講義を受け、著作を読みあさり、詩を書き始めた。

一方、13歳から華道に打ち込んできた大谷さんに、もう一つの出会いがあった。同大の華道部を指導していた東山千素《せんそ》さんだ。ただ伝統を受け継ぐことに長く疑問を感

じていたが、東山さんは従来許されなかった独自の生け方を面白がり、伸ばしてくれたのだった。

　そんな時期に読んだのが『詩のこころ・美のかたち』。古今東西の芸術作品を例に採り、杉山詩学の精髄を説いた論集である。

「吐き出すことで魂が高められる、と杉山先生は書いている。その言葉が全てですね。私にとって芸術とは単なる表現ではなく、自分の内面を吐き出すこと。死にたいほどの悩みも、詩に書き、花を生けることで魂が浄化され、救われました」

　やがて杉山さんが校長を務めていた大阪シナリオ学校で戯曲を学び始め、舞台芸術にも魅せられていく。特に好んで見に行ったのは能。『詩のこころ―』で語られていた美意識と通底するものをそこに感じ取り、能の理論書である世阿弥《ぜあみ》の『風姿花伝《ふうしかでん》』に手を伸ばした。

「杉山先生の言葉を踏まえて『風姿花伝』を読むと、詩も花も戯曲も全部がつながった。あらゆる芸術は同じ場所にとどまることなく、絶えず変化していかねばならない。答えはない。それでも考え続けることが生きる目的になるのでしょう」

杉山さんが97歳で亡くなる前年の２０１１年1月、大谷さんが本紙に寄せた詩がある。その隣には杉山さんが描いた絵。打ち捨てられた花火の詩に涙していた少女の魂は、時を経て再び空の高みを目指す力を得たようだ。

〈救われない／と言って泣く曇天のなか／希望がない／と言って無表情になる重い空の下（略）のびていく白く高くきよらかなるたましいは／真っ青な空に達していく〉（「その上は虹」）

（２０１５年10月15日／平松正子）

『詩のこころ・美のかたち』

杉山平一（１９１４～２０１２年）著。１９８０年刊、講談社現代新書。詩や美、芸術とは何かについて、模倣、浄化（カタルシス）、リズム、遊戯など19の観点から、実際の作品をもとに分かりやすく説いている。

『風姿花伝』

世阿弥（１３６３？～１４４３？年）著。15世紀ごろに成立。父観阿弥《かんあみ》の教えに基づく能の理論書。幽玄、物学（物まね）、花など能楽の神髄を語る。各出版社から現代語訳や解説書が多数出ている。

喫茶店主

『夕暮れに苺を植えて』から『お星さんが一つでた』へ

今村欣二さん(73)

何げない言葉に耳を澄ます

「尊敬してやまない人」。西宮市の喫茶店主今村欣史《きんじ》さんが師と仰ぐのは、神戸の詩人・作家足立巻一《けんいち》だ。詩集『夕刊流星号』や、盲目の国文学者本居春庭《もとおりはるにわ》の評伝『やちまた』で知られる。喫茶店の壁には、「人の世やちまた」と記された、足立直筆の色紙が飾られている。

今村さんは1980年に神戸新聞の読者文芸欄へ詩の投稿を始めた。「当時の選者が足立先生。初投稿が特選になり〈今月随一の佳作〉と褒められ驚いた」。

後に個人的にも交流を深めたが、当初は高名な文学者と知らずにいた。作品選評からにじむ人間性にひかれ、初めて手にした足立の著書が『夕暮れに苺《いちご》を植えて』だった。足立の関西学院中学部時代の恩師で、市井《しせい》の歌人であった石川乙馬《おとめ》(本名池部宗七)の生涯をつづった評伝。石川は42歳の若さで他界したが、足立は彼から文学と人生を教えられ人生の方向が決まったとして、〈生涯の師〉と敬った。書名は石川の短歌〈夕

暮れに苺を植ゑてうゑ終へず雨ふり出《い》でぬぬれつつぞ植うる〉にちなむ。師弟愛あふれる1冊で、「一読し足立先生の情愛の深さに打たれ、人柄に惚《ほ》れ込んだ。この人はすごい人、信頼できる人だと」。

　ほかの著書も読み、足立が詩人竹中郁《いく》らとともに、児童詩誌「きりん」の編集にかかわり、児童詩や口頭詩に熱心なことも知った。「偶然、私も息子と娘が3歳のころから、子どもたちの言葉を記録していた」と今村さん。その無邪気で遠慮のないつぶやきを、私家版の口頭詩集にまとめたが「子どもの言葉を受け取る大人にも感受性が必要で鍛えられた」と笑う。

「きりん」は71年に終刊したが、掲載詩を基に、83年に編まれた詩集が愛読書の1冊『お星さんが一つでた―とうちゃんがかえってくるで』だ。編者は、足立を父のように慕った神戸出身の作家灰谷《はいたに》健次郎。「この本は『きりん』のエッセンス。どれも面白い」と今村さん。例えば、少年の孤独が切ない「あそんで」。〈おかあちゃん／びょうきで　ねてんねん／おとうちゃん　かいしゃ／にいちゃん　いえに　いいひんねん／おれな／よその子の　こままわし／じっと　みてるねん〉。驚きと発見にあふれた詩の数々、素直な感性に笑わされ泣かされたという。

本書の解説で、灰谷が〈足立さんとの出会いがなければ、今のわたしはない〉と振り返っているが、「思いは私も同じ。足立先生と出会えたのは人生の幸せ。こんなすごい人と付き合えたのは奇跡」と今村さん。詩作について「要は続けること」と師から教えられたといい、静かに情熱を燃やす。市井の人々の何げないつぶやきに「耳を澄ます」のが自らのスタイル。児童詩・口頭詩についても「今は孫たちが面白くてしょうがない」と幼子たちの言葉をメモし、集め続ける。

（2016年10月20日／堀井正純）

『夕暮れに苺を植えて』

足立巻一（1913〜85年）著、1981年、新潮社刊。著者は東京生まれ、神戸育ちの詩人・作家。48年創刊の児童詩誌「きりん」の編集に参加し、神戸女子大教授なども務めた。主な著書に『やちまた』『立川文庫の英雄たち』『きりんの本』『子ども詩人たち』など。

『お星さんが一つでた——とうちゃんがかえってくるで』

灰谷健次郎（1934〜2006年）編、1983年、理論社刊。児童詩誌「きりん」に掲載された詩80編を紹介。編者は神戸出身で小説『兎《うさぎ》の眼』『太陽の子』で知られる作家。教師時代に「きりん」編集に携わった。

ギャラリーオーナー

『自分道』から『利休にたずねよ』へ

正田朝美さん（56）

アートの力を信じて

神戸・元町の街中にたたずむギャラリー「アート○美空間 Saga」。ジャンル不問で、さまざまな作家の個性を受け入れる。

オーナーの正田朝美《しょうだあさみ》さんは、もともとエステサロンを経営していたが、２００９年からギャラリーに〝衣替え〟した。「生き生きとした人は、外見の美だけでなく、心に熱さや豊かさがある」。思い切って、内面の美を世に送り出す仕事へと方向転換した。後ろ盾なしで起業し、実家は遠方で、相談相手もいない。迷いが生まれた時に背中を押すのは、アートでもあり、本でもある。

先人の道しるべを示してくれるのが、玉岡かおる著『自分道《じぶんどう》』。幕末から昭和にかけて、時代に翻弄されながらも、自分の生き方を貫く女性たちの姿が記されている。中でも心を寄せるのは、＊愛新覚羅溥儀《あいしんかくらふぎ》の実弟、溥傑《ふけつ》に嫁いだ嵯峨浩《さがひろ》（愛新覚羅浩）だ。

華族の娘として溥傑と政略結婚し、当時の満州国に暮らす。夫婦仲は良かったが、

＊愛新覚羅溥儀　愛新覚羅は清朝皇族の姓。1932年、日本は満州国をつくり清朝最後の皇帝だった溥儀を満州国皇帝に擁立。嵯峨家は日本の華族（明治３年までは正親町［おおぎまち］三条家）。浩（1914～87年）の父方の祖母は明治天皇の従姉妹。

日本の敗戦で夫と離ればなれに。混乱の中、娘を連れて祖国にたどり着いたが、捕虜となった夫と再会したのは十数年後だった。

苦難を乗り越えた女性の強さを知ることで、大変な状況でも、その姿を思い浮かべれば「どうにでもなる」と開き直ることができるという。

美を発信する正田さん自身は茶道裏千家準教授で、中学生からのキャリアを持つ。だが、茶道の美しさを言葉で表現するのは難しいと感じていた。

そんな時に手に取ったのが、山本兼一著の『利休にたずねよ』。わび茶の完成者とされ、豊臣秀吉に切腹を命じられた千利休《せんのりきゅう》の美学を描き出した一作だ。飾られた1本の花を生かすため庭の花を全て切り取ったり、納得するまで職人に茶碗《ちゃわん》を焼かせたりと、美への執着が繰り返し語られる。

「なにげない美を見つけ出し、積み重ねていくことで力強さが生まれるのだと腑《ふ》に落ちた」。普通は見過ごす物事に着目し、人と違うことを創り出す。茶道だけではなく、日々接する作家やアートにも通じるという。

ギャラリー名の「サーガ」は「性《さが》」に由来する。「人の性から生まれるアートに畏敬の念を込めました」。人間の二面性を示すように、ギャラリー内は「光の空間」と、茶室をイメージした「闇の空間」に分かれる。

「いいものを選び出して紹介し、多くの人に美の力を感じてもらう。情報があふれる現代、鑑賞を通じて自ら大切なものを選び出すことが重要です」。作家との二人三脚は続く。

（2017年9月7日／太中麻美）

『自分道』

玉岡かおる（1956年～）著。2009年、角川SSコミュニケーションズ刊。幕末から昭和初期にかけて、男性の陰で生きることを要求されていながらも、自分の生き方を貫いた女性の足跡をたどる。嵯峨浩など7人を取り上げる。

『利休にたずねよ』

山本兼一（1956～2014年）著。2008年、PHP研究所刊。翌年、第140回直木賞を受けた著者の代表作。豊臣秀吉に死を賜った千利休の生涯を、切腹の当日から過去にさかのぼる形で描き、利休の茶に対する美意識の根源を物語る。

ゲームクリエイター

香山 哲さん（34）

『任天堂公式ガイドブック スーパーマリオワールド』から『外骨という人がいた！』へ

自由な発想教えてくれた

「ほんと、ちびりそうになった」。ゲームクリエーターの香山哲《かやまてつ》さんは小学4年の時、初めてスーパーファミコンで遊んだ日の衝撃をそう語る。野球などには目もくれぬ、ゲーム一筋の9歳児を圧倒した色や立体感。その性能を見せつけるように、同時発売されたソフトが「スーパーマリオワールド」だった。

早速、攻略本『任天堂公式ガイドブック スーパーマリオワールド』を買い求めると、これがまたすごかった。普通の攻略本に載っているのは、早くクリアするための裏技ばかり。だが本書には、ゲームの世界観につながるヨーロッパの風景写真やアメリカでのゲーム事情、開発者へのインタビューなど、外界へと興味を広げる情報が満載だったのだ。

特に面白かったのは、漫画家しりあがり寿《ことぶき》によるマリオへのインタビュー。複数いるマリオの1人が、死んでいった仲間を悼み、生き残りの秘訣を語る。〈良いマリオ

になるには？〉〈ヒゲが濃いことだな。ピーチ姫の好みなんだよ〉といったやりとりにも大笑いした。

「現実と虚構を織り交ぜていく感じかな。それまでのゲームは画面の中で完結してたけれど、これを読んでプレーすると、どこか知らない国をマリオと一緒に旅した思い出として残る。子どもだましじゃなく、大人が真剣に面白い物を作ってくれているのが分かってうれしかった」

中学生になると、自分でもゲームを制作。さらに漫画やデザインの分野にも手を広げ、大学在学中に「ドグマ出版」を設立して先鋭的な漫画誌の刊行などに乗り出した。かつてのゲーム攻略本のように、出版活動の手引きとしたのは赤瀬川原平《げんぺい》著『外骨という人がいた！』。戦前に活躍した反骨のジャーナリスト・宮武外骨《がいこつ》の小説風評伝である。

筆禍による投獄4回、罰金刑15回を受けながら「滑稽新聞」「スコブル」など約120もの雑誌や本を刊行した外骨。「社会に対し、きちんと怒ってウソがない。だから読者に受け入れられたんだろうね」。その反骨心は文章にとどまらず、風刺画や写真などあらゆる手法で打ち出された。「形式の輪郭があいまいで『表現』としか言いようがないもの。飼いならされていないのがいい」。

今年2月には神戸・元町高架通に、雑貨や喫茶の店「ドグマ出版とイタゲーセンチョコシス&テム」を開いた。ゲームや本の作り手と受け手が、垣根なく行き来する場だ。ここにも2冊の本に教えられた自由な発想が生きている。

「人も物も分野ごとに線引きされ〝家畜化〟されて、世の中がつまらなくなった。日本人って、未来に向けて建設的に動く国民性じゃないけど、過去を懐かしむのは得意でしょう。昔の良かったことを所々取り戻せば、ツギハギの理想郷をつくれるんじゃないかな」


（2016年6月16日／平松正子）

『任天堂公式ガイドブック スーパーマリオワールド』

1991年、小学館刊。企画編集はエイプ・小学館。エイプは89年、コピーライターの糸井重里《しげさと》が設立したゲームや攻略本の制作会社で、その仕事は世界的に評価が高い。

『外骨という人がいた！』

赤瀬川原平（1937〜2014年）著。1985年、白水社刊。自身も美術家であり芥川賞作家の著者が、宮武外骨の型破りな仕事ぶりを面白がりつつ、「学術小説」と銘打って紹介した異色の書。ちくま文庫版もある。

外科医

沢田勝寛さん(63)

『運命の法則』から『パワー・オブ・フロー』へ

幸運を引き寄せる心

多忙な外科医ながら、気になる本は片っ端から読む乱読派。西村寿行《じゅこう》、麻生幾《いく》、フレデリック・フォーサイス、ジョン・グリシャム、藤沢周平、向田《むこうだ》邦子……。新須磨病院（神戸市須磨区）の理事長兼院長の沢田勝寛さんが夢中になった作家は多彩で数知れない。

中でも熱く語るのが、思想家中村天風《てんぷう》や、イエローハット創業者鍵山秀三郎《ひでさぶろう》、京セラ創業者の稲盛和夫ら経営者の著書。「突き詰めれば、言われていることはみな同じ。不平不満を言わず、感謝の心を忘れず、陰徳を積む。そうすればおのずと人生は良い方向に向かう。やっぱり（人知を超越した偉大な力を感じさせる）サムシング・グレートはあると確信できる」と語る。

サムシング・グレートの背景を説得力ある筆致でつづるのが、ソニーの元上席常務で犬型ロボット「ＡＩＢＯ」を開発した天外伺朗《てんげしろう》著『運命の法則』。著者は自らの

企業体験を踏まえ、「好運」が起こる現象を単なる偶然とせず、米国の心理学者が提唱した「フロー（流れ）理論」で説明する。フローとは、仕事でも遊びでも、喜びを感じる何かに没頭している状態。その域に入ったときに幸運を引き寄せられる、と。

阪神・淡路大震災で家業だった病院が大きな被害を受けた「人生最大のピンチ」にも、2代目としてかじ取りに奮闘してきた沢田さんは、昨年9月の新病院移転を思い起こす。

「いつもなら捨てるようなチラシが目に留まり、大阪の設計事務所を訪ねた。そこの女性設計士さんがすごくセンスが良く、工事の現場監督とのコミュニケーションもうまくいった。とにかくいろんな人が協力してくれた。サムシング・グレートを感じるときがフローに入ってるってことやね」と語る。

続いて読んだチャーリーン・ベリッツとメグ・ランドストロムによる『パワー・オブ・フロー』は、心の内外の出来事が一致する現象「シンクロニシティ」を説く。「例えば、信号が全て青になったとか、困っているときに偶然頼りになる人から電話がかかってきたとか。日常にありふれていて忘れがちな幸運、シンクロニシティを毎日記している。意識し始めることでまた起こるんです」と話す。

神戸と松江市で経営する医療専門学校の学生にも、そうした心の持ちようや読書で出合った言葉を伝えている。

「最近の学生はすぐ実習でめげるんですわ。医療は人の役に立てるええ仕事やのに、なんで簡単にあきらめるんやろ。もっと心を強くせな」と困り顔。

さらに病院の職員には毎月、給与明細袋に2400字ほどのエッセーを同封しており、今年1月に著書にまとめた。「職員たちの反応？うわっ、またか！って迷惑がってるかもしれんね。がははは」

（2016年6月2日／松本寿美子）

『運命の法則――「好運の女神」と付き合うための15章』

天外伺朗著。2004年、飛鳥新社刊。著者は本名・土井《どい》利忠。1964年、東京工業大学卒。ソニーに42年余り勤務し、犬型ロボット「AIBO」などの開発を主導した。

『パワー・オブ・フロー――幸運の流れをつかむ新しい哲学』

チャーリーン・ベリッツ、メグ・ランドストロム著、菅靖彦訳。1999年、河出書房新社刊。ベリッツは人間科学学者、ランドストロムは心理学などを専門にするジャーナリスト。

劇団座長

『EPITAPH東京』から『神戸大空襲』へ

久保田　浩さん(51)

年重ね深まる神戸への愛

関西の人気劇団「遊気舎《ゆうきしゃ》」座長の久保田浩さん(神戸市垂水区)は、須磨・板宿《いたやど》で生まれ育った生粋の〝神戸っ子〟。神戸が大好き。だから、地元ゆかりの横溝正史《せいし》や宮本輝《てる》の小説になじみの地名が登場するとうれしく、愛読してきた。

先月、直木賞を受けた恩田陸《りく》さんの著書『EPITAPH(エピタフ)東京』には、神戸が出てくるどころか、久保田さん自身が「友人」として登場する。数年前、恩田さんが神戸・新開地に演劇を見に訪れた際、開演までの時間、親交がある久保田さんが地元を案内した。その様子がつづられる。

〈かつては東の浅草、西の新開地と言われたほどに賑《にぎ》やかだった新開地は、彼が子供の頃は平日でも通りをぎっしりと人が埋めて、全く進めないくらい混雑していたそうだ。(中略)奇妙な心地になる。たかだか四十年。かつてこの通りを埋めていた人たちは、いったいどこに行ってしまったのだろう〉

幼い頃、神戸電鉄に勤めていた父に連れられてよく新開地を訪れた。父は娯楽の街、労働者が行き交う街が大好きだった。

遊気舎が2月、地元の神戸アートビレッジセンターで好評を博した新作「新たな地 人水流れて開く花」は、新開地に着想を得た物語だ。久保田さんが作・演出を手掛けた。

銭湯兼下宿屋を舞台に、世代も国籍も異なる人間模様を描いた。その中で語られるのが、戦時中のある出来事。父の蔵書から見つけた、神戸空襲を記録する会による編著『神戸大空襲』で知った。

諏訪山動物園*の飼育員たちが、空襲によって動物が逃げ出すのを防ぐため、軍の命令で事前に殺処分する。結局、動物園は無事だったのだけれど。

「かわいがっていたライオンやトラなどを、自分たちの手で殺さなければならなかった。『すまんなあ』と泣きながら。僕が生まれる、たった20年前の出来事なのに初めて知った。今の若い人からみれば、阪神・淡路大震災も同じだろう」

観客アンケートに「おじいちゃんのことを知りたくなった」という感想を見つけた。

＊諏訪山動物園　1928年、神戸市中央区の高台にある諏訪山公園内に開園。37年、神戸市立諏訪山動物園となる。終戦直後の46年夏に閉園。50年、神戸市灘区で日本貿易産業博覧会（神戸博）が開催され、翌51年、その跡地を利用して、現在の神戸市立王子動物園が開園した。

「先人のことを知りたいと思う気持ちと、生まれた神戸が好きという気持ちは、イコールなんちゃうかな」

大阪の大学時代、どんどんおしゃれなイメージになっていく神戸から距離を置いた。「恋人がいいひんやっかみもあったかもしれんけど、僕の中の神戸はもっと雑多な場所やった」と久保田さん。しかし年を重ね、故郷への愛着はどんどん強くなった。

「僕が堅気に生きず、おやじに親孝行できひんかったこともあるかもしれん。でも、おやじは新開地の街が好きやったから、今回の作品を喜んでくれてるんちゃうかな」


（2017年3月16日／松本寿美子）

『EPITAPH東京』

恩田陸著。2015年、朝日新聞出版刊。エピタフとは「墓標」の意味。東日本大震災後、東京を舞台にした戯曲「エピタフ東京」を書く〝筆者〟が、東京の死者の痕跡をたどる。

『神戸大空襲』

1972年、神戸空襲を記録する会編。のじぎく文庫*。第2次大戦末期の神戸大空襲の記憶を風化させないため、神戸や兵庫県内の空襲を記録した。

＊のじぎく文庫　1958（昭和33）年、兵庫県民のための出版と地域文化の水準向上を目的に、郷土振興調査会（兵庫県、神戸市、神戸新聞社などで組織）の提唱で誕生した会員制出版機関。会員には年4点が配本される。発行元となる神戸新聞総合出版センター内に「のじぎく文庫編集室」が置かれ、同文庫名を冠したシリーズは258点に至る。

現代美術家

山村幸則さん(44)

『日本のかたち』から『古窯遍歴』へ

自国を形作るものに開眼

国内外の芸術家たちを招き、滞在制作の場を与えるアーティスト・イン・レジデンス(AIR)が各地で盛んだ。美術家山村幸則さん(西宮市)は、AIRを積極的に活用し、米国やタイ、イラン、ドイツ、中国など多くの国を訪ね、創作してきた。土地土地での出会い、交流を大切にし、現地の歴史や素材を生かした立体造形やパフォーマンスを生み出す。

「文学や小説はあまり読まない」といい、思い入れの深い2冊の本はどちらも古本の写真集。AIRともゆかりがある。「本の装丁や手触り、質感、モノとしての本にひかれる。古本には時間が積み重なっていて、本が編まれた時代の空気や匂いも感じられる」

『日本のかたち』を見つけ、購入したのは2005年ごろ。ケニアでの滞在制作から帰国後、間もない時期だ。「海外で日本の文化風習や魅力についてよく質問されたが

うまく答えられないことが多かった」。自国を形作るものへ目を向けてみようと手にした。

撮影者は尼崎ゆかりの写真家岩宮武二《たけじ》。身近な生活道具や神道・仏教にまつわる品々、建築など、伝統的な日本のデザインにレンズで迫っている。被写体は多種多様。そろばん、包丁、しゃもじ、漆塗りの杯や酒器、琴や琵琶《びわ》、竹籠《たけかご》、水引《みずひき》、熨斗《のし》、蛇の目傘、凧《たこ》、ひな人形、兜《かぶと》、密教法具、のれん、花札《はなふだ》……。人々の暮らしや、この国の四季、風土の中で磨かれたシンプルな「用の美」、意外な装飾性に目を見開かれた。「日本に生まれながら見逃していたものに出合えた」。一方で「写真集のモチーフで、現代生活から失われつつあるモノも少なくない。職人の手仕事の巧みさやぬくもりを伝える道具なのに。日本人は本当に豊かになったのかと考えた」。

その約5年後、別の写真集に心揺さぶられた。『古窯《こよう》遍歴』。巨匠土門拳《どもんけん》が丹波、備前、常滑《とこなめ》など、各地の古窯を訪ね、窯跡《かまあと》や陶片、焼き物を撮り歩いた渋い1冊だ。

山村さんが、信楽焼《しがらきやき》で有名な陶芸の街、滋賀・信楽でのＡＩＲプログラムを終えたころだった。信楽で、既に役割を終えた古い窯が土へ返っていく姿を目にし、心震えた。「朽ち果てた窯に、人々の営みの名残、気配のようなものを感じた」。土門の写真の数々は、その感動を追体験させてくれた。

今取り組んでいるのは現代アートだが、学生時代は陶芸を専攻し、丹波で修業したこともある。窯への思いは格別のものがあった。「表現方法は、環境やその場の条件、アイデアで、変化し続ける。とどまる必要はない。変化することが成長につながる。そのうち、また陶芸に挑戦することもあるかも」。

この先、新たな本との出合いが、次なる変化、飛躍のきっかけとなるかもしれない。

（2016年5月26日／堀井正純）

『古窯遍歴』

1974年、矢来書院刊。著者は写真家土門拳、編集者は菅野《かんの》梅三郎。焼き物にまったく関心がなかったという土門が、陶芸の魅力に目覚め、丹波、九谷、瀬戸など各地の古窯跡を訪ね歩き撮影。限定1300部発行。

『日本のかたち』

1978年、淡交社刊。著者は写真家岩宮武二、グラフィックデザイナー早川良雄、科学史家吉田光邦。木・竹・紙・土・金といった素材別などによる7章構成。62年出版の『かたち　日本の伝承』（美術出版社、全2巻）を基に、カラー図版を増やし再編集した。

工業高校生

溶接も読書も経験が力に

『七人の犯罪者』から『GORILLA My God』へ

山鹿比那子さん(18)

5千度近くに熱せられた金属板が、青白い火花をまき散らしながら接《つ》ぎ合わされていく。放課後の実習室というより、まるで町工場の雰囲気だ。しかし重い遮光面を外すと、まだあどけなさの残る笑みがはじけた。

「これは裏波《うらなみ》溶接といって、片側からの溶接だけで裏側からも溶接したように仕上げる方法。この波形がきれいに出た方が強度も上がる。溶接って奥が深いんですよ」

山鹿《やましか》比那子さん(18)は、兵庫県立尼崎工業高校機械科の3年生。父がバイク店を営んでおり、鉄や油の匂いに親しんで育ったせいか、溶接では社会人に交じって大会に出場するほどの腕前を持つ。活発なばかりでなく読書も大好きで、小学生の頃はラジオ体操の皆勤賞でもらえる図書カードを集めて本を買うのが何よりの楽しみだったとか。

中でも、本を読む楽しさを教えてくれた1冊が、星新一著『七人《ななにん》の犯罪者』だった。

10話のショートショートを収めた短編集だが、特に印象深かったのは第1話「確認」。個人を識別する画期的な機械が発明されたがゆえに、人間が人間を信じられなくなっていくという筋だ。

「こんな機械が実際にあったら世界はどうなっちゃうのかと、ワクワクしながら読んだ。ハッピーエンドではないけれど、ちょっと変な話の方がいろんな想像が膨らむから。型にはまらず、自由な考え方ができるようになったのは星さんのおかげです」

そうして育まれた機械への興味と柔軟な発想で、男子だらけの工業高校にもためらうことなく進学。溶接だけでなく、茶華道部や放送部などの活動にも打ち込み、生徒会では副会長を務めた。そんな毎日にさらなる刺激を与えてくれたのが、尼工の先輩にあたる小檜山悟《こびやま》さんの写真集『GORILLA My God』だった。

小檜山さんは日本中央競馬会（JRA）の調教師。「工業高校を出て馬の調教師をしている人がいることに驚き、ゴリラの研究もしていると知ってまた驚いた」。写真はプロではないが、じっくりと寄り添って撮影した自然な姿には、並ならぬゴリラへの愛があふれる。「何度もアフリカへ通うチャレンジ精神や、粘り強さは、私ももっと見習わなくちゃ」。
卒業後は火災警報器メーカーに就職が決まっている山鹿さん。「溶接の大会では失敗して悔しい思いをしたり、社会人や他校生の高い技術に圧倒されたり。でも多くの人たちと会えて、あっという間の3年間でした。溶接も読書も人との出会いも、積み重ねた経験が力になる。これからもものづくりの現場で、新しい可能性を広げていきたい」。〝溶接女子〟の挑戦は続く。

（2017年1月12日／平松正子）

『七人の犯罪者』

星新一（1926～97年）著。2007年、理論社刊。子ども向けに編まれたシリーズ「星新一ちょっと長めのショートショート」（全10巻）の最終巻。表題作のほか「空の死神」「くしゃみ」「おカバさま」などを収録。装丁・装画・挿絵は和田誠による。

『GORILLA My God――我が神、ゴリラ』

小檜山悟（1954年～）著。2016年、マガジン・マガジン刊。高校時代にアフリカで赤ちゃんゴリラを抱いて以来、半世紀にわたって持ち続ける「ゴリラ愛」を集大成した1冊。現地の人間の子どもたちの写真も多数収録。

高校講師

藤本啓子さん(64)

『シーシュポスの神話』から『ツァラトゥストラかく語りき』へ

ニヒリズムを受け入れる

「もしも余命半年と告げられたら、どう生きる?」「自分を愛するとは、どういうことだろう」「そもそも『本当の愛』って何?」……。一つの机を囲み、先生と生徒が問いを交わし合う。時折笑みもこぼれるが、れっきとした授業風景だ。

兵庫県立須磨友が丘高校で藤本啓子さんが受け持つ科目は「臨床哲学」。この日の授業は、がん患者の心理の研究で知られる精神科医キューブラー・ロスの仕事について、考えを語り合うというものだ。藤本さんによると、臨床哲学とは「他者の話を聞き、正解のない問題に自分なりの『こたえ』を求めていく思考訓練」であるらしい。

藤本さん自身もかつては悩める若者だった。カミュの『シーシュポスの神話』を読んだのは「青春期にありがちな虚しさに押しつぶされそうになり、呼吸をするのも苦痛だった」という大学3年生のころ。神々がシーシュポスに科した刑罰は、大岩を山頂に押し上げる仕事だった。ただし、その岩は山頂の一歩手前で麓へ転げ落ち、無益

な労働は永遠に続く――。

「でもカミュは、岩が落ちていく時間だけは、シーシュポスが苦役から解放され、自由になれるのだと説く。悦《よろこ》びのうちに下山することもあっただろう、と。この一節を読んだ瞬間、私の心も解き放たれ、軽くなったんですよ」

卒論ではヘミングウェーの『日はまた昇る』を題材に、ロスト・ジェネレーション*作家のニヒリズムについて考察。さらに大学院への進学を志していたが、卒業と同時に結婚し長男を身ごもったため、ひとまず断念した。「自分の運命を受け入れる〈是認〉という言葉が、当時の私のキーワードでした」。

子育てを楽しみつつも研究への思いを抱き続けていた藤本さんが、次に出合った1冊は、ニーチェの『ツァラトゥストラかく語りき』。「精神が駱駝《らくだ》→獅子《しし》→幼子《おさなご》となる三段の変化など、とにかく面白く、息子を膝に抱えてむさぼり読みました」。今も本のあちこちに、長男の落書きが残っている。

そうして『ツァラトゥストラ――』についての論文を書き上げ、学生時代のドイツ語教師に送るなどして大学へ復学。ニーチェが永劫《えいごう》回帰の覚知《かくち》を得たというスイスの

＊ロスト・ジェネレーション　大量の戦死傷者を生んだ第一次世界大戦（1914〜18）に従軍・復員後、世の中の決まり事を疑い、虚無的（ニヒリスティック）な生き方を求めた世代。特にこの世代の米国の作家、ヘミングウェーやフィッツジェラルドなどを指す。

シルバプラナ湖畔へも足を運び、その思索の跡をたどった。

「指導教官からは『素人はすぐツァラトゥストラにだまされる』なんて言われたけれど、カミュからヘミングウェー、そしてニーチェと、私を捉えて放さないのはニヒリズムでした」

高校で哲学の講座を開いて10年。年度の最後にはいつも「哲学はあなたにとってどのような意味を持つか？」と問い掛けてきた。「人間である以上、正解のないことに耐えていかねばならない。それはニヒリズムを受け入れることではないか。生徒には人生のどこかで、私の問いを思い出してほしい」


（2017年2月16日／平松正子）

『ツァラトゥストラかく語りき』

ドイツの哲学者フリードリヒ・ニーチェ（1844～1900年）の後期思想を代表する著作。「ツァラトゥストラ」「ツァラトゥストラはこう言った」などのタイトルの訳書も。岩波、新潮、中公、河出など、各出版社から文庫が出ている。

『シーシュポスの神話』

フランスの作家、哲学者アルベール・カミュ（1913～60年）がギリシャ神話に寓《ぐう》し、その根本思想である「不条理の哲学」を展開したエッセー。シシュポス、シジフォスと表記されることも。新潮文庫版（清水徹訳）などがある。

公務員、美術家

古巻和芳さん（49）

『山月記』から『モンガイカンの美術館』へ

芸術の怖さと楽しさ知る

「当初は変身譚《たん》、怪異ものとの印象だった」。中島敦の短編「山月《さんげつ》記」について振り返るのは、土地の歴史に根ざしたインスタレーション（空間芸術）などを手掛ける美術家であり、兵庫県立美術館の広報スタッフを務める古巻《こまき》和芳さん（宝塚市）。出合いは多くの人と同じように高校時代、国語の教科書で。中国・唐代を舞台に、詩人となる望みがかなわず、虎と化した男の悲劇を描く名作だ。再読し、読み方が深まるのは30代のころだ。その前に、大学時代に知った、別の1冊から大きな影響を受けた。

『モンガイカンの美術館』。イラストレーター、エッセイストの南伸坊《みなみしんぼう》が、「自分にとって面白いモノとは？」という観点から、芸術について語った異色の美術エッセー集だ。

当時、神戸大で経営学を学んでいたが、美術部に入り油絵に熱心に取り組んでいた。交流のあった関西学院大美術部の友人から薦められたのがこの本だった。

〈芸術はＵＦＯである〉〈芸術はウソである〉〈エッシャーなんて不思議じゃない〉

……。目次には珍妙で刺激的なタイトルが並ぶ。道ばたのただの石ころ。その「ただの石」に、われわれが不思議を感じられるきっかけを出す人が芸術の玄人ではないか、と著者は語る。「軽妙に書いているようで、実は鋭く本質を突いていたりする。デッサンができなくても、技術がなくても、アイデアだけでもアートになると知った」と古巻さん。

大卒後、県庁に入り、公務員として働きながら、夜や休日に制作を続けた。個展を開き、コンクールへも応募した。

そんな日々の中、ふと読み返した『山月記』。自らも作り手、創造者となって、受ける印象が大きく変わった。

「これは芸術家の性《さが》や創作の苦しみを描いた小説だと気付いた。芸術家であるがゆえの悲劇。芸術が人を狂わせる恐ろしさがリアルに伝わった。真実を突いていると思った」

詩人を目指し、官職を辞した主人公・李徴《りちょう》と自分を比べたり、重ね合わせたりもした。公務員と美術家の二足のわらじを続けていたが、「これでいいのか」と悩んだこともあった。

だが、「俺はダメだ」と深刻になりすぎず、作家活動を続けてこられたのは、『モンガイカンの美術館』から教えられたものの見方、考え方があったからだ。アートは面白ければいい。やったもん勝ち。意味がなくてもいい。自分が面白いと思うことをやればいい。「自身の物差しを自由に持つこと。その姿勢が南さんの本で確信になった」。「自分をごまかさず、魂から満足できる作品を創りたい」。2冊の本から、芸術の怖さと楽しさ、自由さを知り、なお創作への情熱を燃やし続けている。

（2016年8月4日／堀井正純）

『山月記』

中島敦（1909〜42年）が42年、雑誌「文學界」2月号に発表したデビュー作。中国の説話集に載る「人虎伝」に取材した短編で、国語の教科書に採用されたため知名度が高い。新潮文庫の『李陵《りりょう》・山月記』などに収録されている。

『モンガイカンの美術館』

南伸坊（1947年〜）著、1983年、情報センター出版局刊。東西の名画・名作や現代美術についておおらかに伸び伸びと語った芸術エッセー。美術雑誌「みづゑ」の連載をまとめた。

高齢者文化研究者
上村くにこさん

『図解！ あなたもいままでの10倍速く本が読める』から『椿の海の記』へ

心を満たす非効率な読書

〈充たされた一日はよい眠りをもたらし、充たされた人生はよい死をもたらす〉。神戸市東灘区に拠点を置く「想像文化研究組織」は、このレオナルド・ダ・ビンチの言葉をモットーに掲げ、新しい高齢者文化の創造を目指す。理事長を務めるのは甲南大学名誉教授の上村《うえむら》くにこさんだ。

仏・パリ第4大学に留学中は毎日、図書館で過ごした。何時間もかけて1ページを読んだり、まるごと1冊を書き写したり。「このまま本に埋もれて死にたい、なあんて本気で思ってたのよね」。そんな本好きゆえに選んだ大学教員の道。しかし帰国後に待っていたのは「質より数」を求められる論文量産の日々だった。

専門の仏文学のほか、神話学や恋愛論、ジェンダー論など幅広く手掛ける上村さん。「比較文学の手法だから、100冊読んでやっと10行書けるという具合。とにかく早く、多くの情報を仕入れなきゃいけなかった」。そこで飛びついたのが、米国の実業

家ポール・R・シーリィが開発した「フォトリーディング」。文章を意味でなくイメージとしてとらえ、脳に写し取るという速読術だ。東京の講習会に参加し、『図解！あなたもいままでの10倍速く本が読める』といった本にも手を伸ばした。

「30～40代はこの読み方を駆使して論文を書きまくった。フォトリーディングの効率主義って、今の学問のあり方に通じるんじゃないかしら。生産性ばかり追い掛けて、本来読みたいもの、書きたいことから離れていく。情報を支配するつもりが、いつしか情報の奴隷になっていた」

このままでは自分が細っていく――。すがる思いでたどり着いたのが石牟礼《いしむれ》道子の作品群だった。「文章に統一性がなく、修辞法もめちゃくちゃ。フォトリーディングなんてできやしない」。そんな非効率な読み方を強いる石牟礼文学こそが、再び「読書の法悦」をもたらしたのだ。

中でも心を揺さぶられたのは『椿の海の記』。水銀*に毒される前の幸福な水俣を4歳の少女の目で描いた、『苦海《くがい》浄土』の前史となる一作だ。「野山には至る所に神様が

＊水銀　1953～59年、熊本県水俣地方で、工場廃液による有機水銀に汚染した魚介類を食べた人の間で有機水銀中毒による神経疾患が集団発生。「水俣病」と名付けられた。原因はチッソ水俣工場の工業排水。当初はチッソも行政も原因を否定したが、68年に日本政府は公害病と認定。

いて、世界は限りなく美しい。現代の日本で書かれたのに、聖書や日本書紀のように魂に届く。ホンモノの本は情報なんかじゃない。光なんですよ」。

回り道の末、読む喜びを取り戻した上村さんは、フローベール*の遺作『ブヴァールとペキュシエ』の主人公たちに自らを重ねる。貧しい書記だった2人が、さまざまな学問に打ち込んだ果てに、再び文章を書き写す生活に立ち返る物語だ。「皮肉な結末だけれど、まさに私そのもの。とうの昔に書かれていたなんて」。愚かだった自分を笑って話せる。これぞ充たされた人生ではないか。

（2017年10月19日／平松正子）

『図解! あなたもいままでの10倍速く本が読める』

神田昌典（1964年〜）監修。2005年、フォレスト出版刊。ポール・R・シーリィが開発した「フォトリーディング」という速読術を紹介し、一躍ブームに。

『椿の海の記』

石牟礼道子（1927年〜）著。76年、朝日新聞社刊。2013年に出た河出文庫版の解説で、作家池澤夏樹は、この本を前にした時に大事なのは〈ゆっくり読むこと〉と書いている。

＊ギュスターヴ・フローベール（1821〜80）フランスの小説家。著名な外科医の子として生まれる。写実主義の作家として20世紀の文学界に大きな影響を与えた。代表作に『ボバリー夫人』。『ブヴァールとペキュシェ』執筆の途中で死亡。

古書店主

『エッセンス・オブ・久坂葉子』から『神戸ものがたり』へ

小沢悠介さん（37）

断片が描き出す神戸

居心地の良さから愛書家らが集まる店「古本屋ワールドエンズ・ガーデン」（神戸市灘区）。ここには一風変わった棚がある。一見関係のない本を2冊ずつひもで結わえ、それぞれに推薦者の名前が書いてあるのだ。

これらはエッセー集『次の本へ』で紹介された本たち。作家や学者ら84人が、ある本から次の1冊へと読み進んだ読書体験記だ。この棚を設けた店主の小沢悠介さん自身は、どんなふうに「次の本」と出合ってきたのだろう。

東京にある出版社で関西方面の営業を担当していた小沢さんが、店を始めたのは2012年秋。開店から間もなく、顧客から持ち込まれた買い取り本の中の1冊に、ふと目が留まった。早川茉莉《まり》編『エッセンス・オブ・久坂《くさか》葉子』。久坂葉子といえば川崎造船所の創業者一族に生まれ、19歳で芥川賞候補となるも、21歳で鉄道自殺を遂げた、神戸の伝説的作家である。

「久坂の小説は読んでいたけれど、正直、男には理解できない作家なのだと諦めていた。でもこの本は、少女時代の習作や詩、日記などの〈断片〉で構成されている。小説になる以前の言葉をつなぎ合わせたこの本を読んで、初めてモザイク画のように人物像が見えてきたんです」

そこから小沢さんの興味は、久坂が生きた神戸という町の歴史へと広がる。ちょうどそんな折、またも買い取りで出合ったのが陳舜臣《ちんしゅんしん》著『神戸ものがたり』だった。今年1月、90歳で亡くなった陳さんが、生まれ育った神戸について愛情深く描いている。

「歴史小説の大家だから少々身構えて読みましたが、これも〈断片〉なんですね。歴史を体系的に書くのではなく、陳さんの私的な目を通して描いた神戸のモザイク画。こういう伝え方もあるのだなと気付かされました」

神戸で新たなスタートを切った直後、待ち受けていたように眼の前に現れた地元作家の2冊。それらは「個性的な店をつくらなくては」と気負っていた小沢さんに、目指すべき方向を示してくれた。

「思えば書店の棚もまた〈断片〉の集積なんだと。特に古本屋にあるのは、全て人から譲ってもらった本ですからね。自分のこだわりを押し出すより、いろんな人のいろんな思いを重ねて、一緒につくっていけばいい。モザイク画を描くように」

もう一つ、開店と同時にやって来たのが看板猫のぶんちゃん。来るもの全てを暖かく迎え入れる店の心意気を象徴するように、いつもソファに悠々と寝そべっている。

（2015年10月1日／平松正子）

『エッセンス・オブ・久坂葉子』

久坂葉子（1931～52年）著、早川茉莉編。2008年、河出書房新社刊。遺作とされる「幾度目かの最期」のほか短編、エッセー、日記、書簡、詩歌などを収める。

『神戸ものがたり』

陳舜臣（1924～2015年）著。1988年、平凡社刊。65年に書いた「神戸というまち」、81年の「神戸ものがたり」に阪神・淡路大震災の記述を加えた。神戸の人と歴史を見つめた随筆集。2017年、神戸新聞総合出版センターより復刻。

子育て支援団体代表理事

高田佳代子さん(51)

『もこ もこもこ』から『ごぶごぶ ごぼごぼ』へ

音のつながり 心をつかむ

ショッピングモールの集会室。首が据わったばかりの赤ちゃんから、跳んだりはねたり元気な2歳前の子どもまで、20人余りが集う。母親は見守りながら会話を楽しんだり、お茶を飲んだりしてほっと一息。和やかな時間が流れる。

一般社団法人「Babyガーデン」の代表理事を務める、高田佳代子さん。母子がリラックスできる場所づくりを中心に、神戸で子育て支援活動を始めて10年になる。「これなんだ?」「ゆらゆらしてみようか」。おもちゃで遊ぶ子どもたちに、目を合わせて語りかける。

遊びの後は、高田さんによる読み聞かせの時間。抑揚を付けて、同じ音を繰り返す。聞き入る子どもたち。音につられて、生後5カ月の赤ちゃんが、声を上げて笑いだした。

幼稚園教諭として勤めていた20代の頃、書店で出合った絵本が『もこ もこもこ』。絵を担当していたのが抽象画家、元永定正《もとながさだまさ》さん。学生時代のアルバイト先に作品が飾られていたため、画風に見覚えがあった。〈しーん〉とした世界。地面の一部が〈もこ〉と盛り上がり、〈にょき〉〈ぽろり〉と擬音語だけが続く。そして最後はまた〈しーん〉から〈もこ〉へ。当時は意味がよく分からず、不思議な本という印象が残った。

子育ての支援活動を始めてから、改めて触れた。読み聞かせで、子どもたちが前のめりになる姿を見て「大人には意味が分からなくても、子どもは音のつながりが好きなんだ」と気付いた。

同じタイプの絵本を探して見つけたのが『ごぶごぶ ごぼごぼ』。鮮やかな青やオレンジ色をした小さい丸が〈ぷーん〉〈ぷぷぷ〉といった音と共に、一緒になったり離れたり、水の動きを思わせる。どちらも大人気の1冊だ。

読むときには、聞き手の想像力を邪魔しないよう、主観を入れない。子どもが笑うタイミングなど、様子を見ながらリズムを付ける。少し大きい子どもに読むときは、間合いを取って、子どもたちが情景を想像する時間を取ることもあるという。

「絵本を読むと本好きになる」。多くの親が願うが、期待しすぎないことが大事だという。自身も、小学校高学年くらいまで2人の子どもに本を読み聞かせていたが「特に本好きにはならなかった。なんでも思い通りにはいかないし、子育ても同じ」と笑う。

では、親子が絵本に触れる上で心がけることとは？「赤ちゃんは絵本をかんだりなめたりして、感触を楽しむことから始まる。読み終える前にページをめくっても、途中で違う遊びに行ってもOK。少しずつ絵本に親しむ過程を大切にしてあげて」。

（2017年4月27日／太中麻美）

『もこ もこもこ』

谷川《たにかわ》俊太郎（1931年〜）文、元永定正（22〜2011年）絵。1977年、文研出版刊。詩人と現代美術家のコンビによる共作で、100万部超のロングセラーとなった。元永は「具体美術協会」の元中心メンバー。

『ごぶごぶ ごぼごぼ』

駒形克己《かつみ》（1953年〜）作。1999年、福音館書店刊。著者は造本作家で、異なる質感の紙を使った絵本など、デザイン性の高いしかけ作品も多数。2010年、『Little tree』でボローニャ国際児童図書展ラガッツィ賞を受賞。

こどもコンサルタント、元保育士

原坂一郎さん(59)

『怪獣大図鑑』から『特撮秘宝Vol.1』へ

〝博士〟になって半世紀

「怪獣博士《はかせ》」。保育や育児に関する講演・執筆活動を続ける「こどもコンサルタント」原坂一郎さん（神戸市）は少年時代、そんな称号で呼ばれていた。カネゴン、ゴジラ、レッドキング……。テレビや映画に登場する怪獣たちの特徴やデータを全て記憶し、巧みに漫画に描くこともできた。「当時は一部を見ただけで、どの怪獣か言い当てられた。正義の味方より、自分には怪獣たちがヒーローだった」。

4歳のとき、映画館で見た映画「モスラ」（1961年）の衝撃が原点。「こんな生き物おるんや！」。その巨大さ、不思議さに心奪われた。「そのころは怪獣が実在すると信じていた」と苦笑する。以降、マニアへまっしぐら。66年にはテレビで「ウルトラQ」「ウルトラマン」が放映され、テレビにかじりついた怪獣少年は、間もなく運命の1冊と出会う。〈怪獣のすべてがわかる大画報〉と銘打った『怪獣大図鑑』だ。その後、数多くの怪獣百科や怪獣図鑑が出版されたが、その最初の1冊である。解説は、「ウ

ルトラマン」制作にもかかわり、怪獣ブームをもり立てたSF研究家大伴昌《しょう》司《じ》氏が担当。イラストとともに、41の怪獣の身長や体重、特徴などが記してあった。

「何度も読んで内容は全部暗記した。今も僕の宝物。死んだときには、ひつぎに入れてと家族に伝えている。僕の人生をつくってくれた本」と熱く語る。翌年、10歳のとき、天才児を紹介するテレビ番組のコーナーに「怪獣博士」として出演。新聞や雑誌の取材も受け、「ちょっとした有名人になった」と振り返る。「それまでおとなしく引っ込み思案の性格だったが、怪獣のおかげで自信が持て、積極性も出てきた」。

その後も、日本で公開された怪獣映画は全て鑑賞。学生時代、特撮ファンの仲間と、『大特撮』*と題した本も出版した。怪獣の着ぐるみに入り演じる「スーツアクター」になるのが夢だったが、大の子ども好きでもあったので、大学卒業後は神戸市の男性保育士1期生に。「子どもらとのコミュニケーションにもウルトラマンや怪獣が役に立った」とほほえむ。怪獣の絵を描いてみせると園児らは大喜びだったという。

コンサルタントとして独立後、事務所内に、怪獣関連グッズや資料を集めた私設の

*『大特撮』　コロッサス編。1979年、同人書として大阪の有文社より刊行(「ゴジラ」監督の本多猪四郎[いしろう]が監修)。完売後、80年に朝日ソノラマから刊行。85年には同社から改訂版が刊行された。

「怪獣ミュージアム」も開設。〝怪獣人生〟も半世紀を超えた今、昨年5月に発行されたムック『別冊映画秘宝 特撮秘宝Ｖｏｌ・１』を感慨深げに眺める。「『怪獣大図鑑』などで育った、僕と同じようなマニアが編集者やライター側になって作られた本。次世代のファンにもつながる1冊だ。怪獣や特撮への愛がいっぱい詰まっていて、新しい発見がいくつもある。怪獣は、日本特有の誇るべき文化。僕もまた、機会があればぜひ怪獣本を出してみたい」。

（２０１６年1月21日／堀井正純）

『怪獣大図鑑』

１９６６年、朝日ソノラマ刊。映画会社の枠を超えて、ラドン、ペギラ、ケムール人、バルタン星人など41の怪獣や宇宙人を紹介。「ゴジラは王様」など3本のドラマを収録した＊ソノシート付き。復刻版も出版されている。

『別冊映画秘宝 特撮秘宝Ｖｏｌ・１』

２０１５年、洋泉社刊。雑誌「映画秘宝」の別冊として企画されたムック第1弾。ウルトラマンの怪獣の貴重な未公開写真を発掘紹介。「ウルトラセブン」に出演した女優・ひし美ゆり子らの鼎談記事や、平成ゴジラシリーズの川北紘一特技監督の追悼特集なども掲載。

＊ソノシート　薄く柔らかいビニール製のレコード盤。「ソノシート」は朝日ソノラマの商標名。1960年代に子供向け雑誌や絵本の付録として普及。97年刊行の『大復刻怪獣大図鑑』（朝日ソノラマ）ではソノシートの代わりにCDが同梱された。

コンサートホール運営・企画

安田英俊さん(66)

『戦後日本のジャズ文化』から『芝居上手な大阪人』へ

ジャズを軸に心豊かな人生

会社員の安田英俊さん(神戸市中央区)が書店でマイク・モラスキー著『戦後日本のジャズ文化』をパラパラめくると、東北の大学時代に入り浸ったジャズ喫茶が鮮明に立ち上がってきた。

マスターも客も偏屈、私語厳禁、紙をめくる音がうるさいので新聞を読むのも禁止。コーヒー1杯で2、3時間は居座ることができ、嫌いな曲がかかれば散歩にも出られた。

「著者はアメリカの人。なのにジャズ喫茶という日本特有の文化をきっちりと調べて書いている。今じゃ神戸でも数軒しか残っていませんがね。学生時代を思い出し、やっぱりジャズを聴いていて良かったと、しみじみ思いました」

大学卒業後、神戸製鋼所に入社し、広報担当を約15年間務めた。その間、ジャズのまち、神戸で人脈を広げてくれたのがやはりジャズだった。愛好家のメディア関係者から作家や劇作家、落語家……。

「『What A Difference A Day Made』という曲がある。あなたと出会い、たった1日でこんなにも人生が変わるなんて、というラブソングですが、私はそれを（ジャズに出合ってからの）50年と言い換えている。ジャズ評論家だった大橋巨泉さんが『縁は異なもの』と邦題を名付けましたが、うまいですよね」と笑う。

あらためて多くの出会いに感謝して読んだのは、ジャズ仲間を通じて知り合った劇作家わかぎゑふさんの『芝居上手な大阪人』。大阪人の気質や文化がユーモアや皮肉を交えて書かれている。

「大阪を愛しているのが伝わってくる。たくさんある文化を大事にし、関西をベースに彼女の表現活動を発信しようとしているところが好きですね」

安田さんも神戸のジャズ文化を盛り上げようと、ポータルサイト「ジャズの街～神戸」で情報を発信する。

「神戸には生演奏を聴けるジャズクラブが20軒以上ある。ジャズストリートやジャパンスチューデントジャズフェスティバルといった歴史が長いイベントもある。最近はラジオ関西に神戸のジャズシーンを紹介する新番組もでき、若い奏者が頑張ってくれているのもうれしい」と熱っぽく語る。

さらに、現在勤務する同社関連の神鋼不動産が指定管理者を担う加古川ウェルネスパーク*内のアラベスクホールで、ジャズライブや寄席を企画している。「まさか、こんなことまでするようになるとは。これもジャズのおかげです」。

多彩な人脈とともに本との出合いも広がり、玉岡かおるさんや三浦暁子《あきこ》さんらの著書も愛読。思いがけず面白く、豊かな人生になった。

（2015年12月3日／松本寿美子）

『戦後日本のジャズ文化』

マイク・モラスキー著、2005年、青土社刊。著者は1956年、米国生まれ。現代日本文学の研究者で、70年代から延べ十数年にわたって日本に滞在。本著ではジャズを切り口に日本文化を分析し、サントリー学芸賞を受けた。

『芝居上手な大阪人』

わかぎゑふ著、2014年、ベストセラーズ刊。大阪で二つの劇団「リリパットアーミーⅡ」と「ラックシステム」を主宰する著者が、ボケとツッコミを交わして会話を面白くする大阪人を「日常演劇人」と見立て、演劇の面白さや文化を書いたエッセー。

＊加古川ウェルネスパーク　1997（平成９）年、加古川市が市内の丘陵地約６万7000平方メートルの敷地内に開設した複合健康施設。木を多用した音楽ホール「アラベスクホール」、図書館、公園、フィットネスジムなどがある。

受賞作に見る国民性

『日の名残り』から『蛙鳴』へ

森 榮枝さん(83)

「小説は娯楽、文学は学問。であるなら、私は人を楽しませる『小説』を書きたい」。そう語る作家の森榮枝《さかえ》さん(神戸市垂水区)は近年、ある疑問を抱えていた。神戸エルマール文学賞*や大阪女性文芸賞*の選考に携わる立場からも、年2回の芥川賞受賞作には目を通してきたが、それらが「ちっとも面白くない」のだ。

「多くの応募作を読む選者たちは〝スレて〟いるから、目新しいものを選びがち。真に人間性を追求した作品を見落としているのでは？　そう思うのは、私がなまじ選考などを経験したための偏見かしら」

考えあぐねた森さんの目は、海外の文学賞へと向けられる。そんな折、たまたま新聞書評で知ったのが、カズオ・イシグロ著『日の名残り』だった。イギリス最高の文学賞、ブッカー賞の1989年受賞作である。

英国貴族の館に仕える執事が、第2次大戦後の「現在」から戦前の良き時代を懐か

＊神戸エルマール文学賞　近畿圏で発行されている同人雑誌に発表された小説、文芸評論、エッセイなどの散文作品を対象とする賞。神戸エルマール文学賞基金委員会主催。地元作家らが2007年に創設。
＊大阪女性文芸賞　大阪府内の女性作家が中心になって設立した「大阪女性文芸協会」が主催・運営する、小説を対象とした文学賞。

しむ物語。旧主への敬慕や執事としての品格、貴族らの政治的な駆け引きが、端正な文体でつづられる。

「貴族たちは騎士道精神と世間知らずを併せ持ちつつ、政治の場では謀略を巡らす。テーマは古めかしいのに、人間が深く描かれていて共感できる。日本という異文化を体内に持つ作者のアイロニックな視点も利いてるわね」

大満足のうちに読み終えると、また新たな問いが心に湧いてきた。「これは老成し、自省的なイギリス人の話。他の国ではどうか」。すると今度は、中国人作家・莫言《モウイエン》がノーベル文学賞を受けたというニュースが。早速、代表作の1つ『蛙鳴《あめい》』を買いに走った。

「一人っ子政策」を扱った本作にも、さまざまな人間模様が描かれていた。国策に忠実な産科医、手術を恐れて逃げ回る男、命懸けで産む女、そして彼らを取り巻く温かい人や抜け目ない人……。戦時下の少女時代、中国で2年近く暮らした森さんには、なおさらその国民性が真に迫って感じられた。

「中国人のおおらかさとしたたかさ、真の意味での賢さが噴出している。人間性に富んだ2冊を読み通して思ったのは、小説には国民性が映し出されるということ。日本の小説が平板に見えたのは、こまやかで穏やかで、他と同調したがる特性によるのでしょう」

その後、かつては「なぜこんな人がノーベル賞を?」と思ったこともある川端康成を読み返してみると、しみじみと感動したとか。

「年を重ねてやっと分かるのだから、日本文学は大人の文学なんですね。芥川賞受賞作がつまらなかったのも、私にとって〝すっぱいブドウ〟*だっただけかもしれない」

書き手としても読者としても、まだまだ向上心は尽きない。

(2016年1月28日/平松正子)

『日の名残り』

カズオ・イシグロ(1954年~)著。原題は「The Remains of the Day」。89年に刊行され、同年のブッカー賞を受けた。土屋政雄による邦訳は90年に中央公論社から出ており、早川書房の文庫版もある。

『蛙鳴』

莫言(1955年~)著。2009年に刊行された本作で11年、中国における長編小説の最高峰・茅盾《ぼうじゅん》文学賞を受けた。12年にノーベル文学賞。吉田富夫による邦訳は11年、中央公論新社から出ている。

*すっぱいブドウ　イソップ寓話のひとつ。おなかをすかせたキツネがブドウを見つけたが、高いところになっていて食べられず「あのブドウはすっぱいに違いない」と負け惜しみを言う物語。

シェフ 近藤弘康さん(50)

『まんがで読む古事記』から『らくらく読める古事記・日本書紀』へ

神戸で実感する神々の物語

神戸・北野の山本通《どおり》に鎮座する一宮《いちのみや》神社。すぐ近くでフレンチレストラン「ビストロ近藤亭」とキッシュ専門店「神戸・近藤亭きっしゅや」を営むシェフ近藤弘康さんは毎朝、出勤前のお参りを欠かさない。

きっかけは、3年ほど前の夏に参加した境内でのラジオ体操だった。ふと「何をまつってるんやろ」と気にすると、ご祭神《さいじん》は「田心姫命《たごりひめのみこと》」とあった。「って何の神さん?」と知りたくなり、客の薦めで読んだのが、久松文雄著『まんがで読む古事記』だった。

田心姫命は、古事記の名場面の一つとされる誓約《うけい》の神話に登場する。天照大神《あまてらすおおかみ》と須佐之男命《すさのおのみこと》の姉弟が、剣や珠《たま》から3柱の女神《めのかみ》と5柱の男神《おのかみ》を生み出した。田心姫命もその中の女神で、海の神さま。実は神戸には生田神社の8裔神《えだがみ》として八宮《はちのみや》神社までがあり、神話で出生した神々がそれぞれまつられている。

身近な地域の歴史と重なったことでさらに興味が湧き、次に買ったのが島崎 晋《すすむ》著

『らくらく読める古事記・日本書紀』だった。神話がより詳しく解説され、一気に読んだ。「それまで古事記をちゃんと読んだことはなく、ようこれだけの奇想天外な物語を考えたなと創造力に感心した」と振り返る。

近藤さんは大阪府羽曳野《はびきの》市出身。応神《おうじん》天皇陵の近くで育った。高校卒業後、調理師学校を経て芦屋や神戸のレストランに勤め、２００１年10月に「近藤亭」を開業。今年で丸15周年を迎える。

神戸は父方の祖母の故郷。折に触れて「神戸が呼んでいる」と祖母が懐かしみ愛した街は、近藤さんにとっても大好きな街になった。「海と山の間に全てがコンパクトにまとまっている。気持ちはもう生粋の神戸っ子。この街から出る気はありませんね」と話す。

古事記を読んだ後、店の常連客らと話していて、意外に神社好きが多いことも発見だった。「商売をやっている人が多く、皆さん信心深いですね」。近藤さんも今では店内の事務所に神棚を設け、定期的に25人ほどで伊勢参りにも行くように。「直会《なおらい》（宴会）が楽しみで」と笑う。

昨年の一宮神社の秋祭りには氏子《うじこ》としてみこしを先導する*猿田彦《さるたひこ》役を任され、天狗姿で舞を披露した。今は同神社をさらにもり立てようと、神戸の同業者仲間約20人でつくる自称「名店会」で境内でのモーニングのイベントを描想中だ。

「オムレツやソーセージ、だし巻き、コーヒー……。各店が一品ずつ売り、その場で朝食が仕上がるイベント。北野は駅から上がってきてもらわないことには繁盛しませんから。力を合わせ、神戸をもっと元気にしていきたいですね」

実は3冊目に「神社検定」の攻略本も購入したが、忙しい日々に受験はまだまだお預けになりそうだ。

（2016年2月4日／松本寿美子）

『まんがで読む古事記』

久松文雄著、青林堂刊。2009年から発刊され、現在、仁徳天皇までの第5巻が出ている。著者は1943年、名古屋市生まれ。手塚治虫のアシスタントを務め、古事記の全編漫画化に取り組んでいる。

『らくらく読める古事記・日本書紀』

島崎晋著、2010年、廣済堂出版刊。著者は1963年、東京生まれ。出版社で歴史雑誌の編集に関わり、現在はフリーライターとして歴史関係の書籍・雑誌で活躍。

＊猿田彦　瓊瓊杵尊（ににぎのみこと、天照大神の孫）が地上に降臨した際、先頭に立って道案内をした神さま。身体が大きく、鼻も大きい。手塚治虫の漫画『火の鳥』には、ほぼ全編にわたり猿田彦をモデルとした人物が登場する。

詩人

福永祥子さん(72)

『赤い蝋燭と人魚』から『モモ』へ

いつでも子ども心に戻れる

詩人福永祥子《しょうこ》さん（神戸市須磨区）は、両親の離婚で、生後まもないころから祖父母の元で育った。「溺愛されたせいか、内気で人見知りが激しく、典型的な内弁慶の子だった」と幼い日々を懐かしむ。童話や絵本が好きで、「いま思えば、絵本の世界へ自己投影していた。絵本の極彩色の世界は、私を異世界、空想の世界へと誘《いざな》ってくれた。喜怒哀楽という感情の発露も絵本や物語から学んだ」。

1冊の本との忘れがたい出合いがあったのは、小学3年の夏休み。それは、親戚の女性から贈られた『赤い蝋燭《ろうそく》と人魚』だった。童話作家小川未明《みめい》の代表作。老夫婦に育てられた、美しい人魚の娘をめぐる物語で、暗澹《あんたん》たる結末に「本を閉じることができなかった」。

老夫婦は大金に心動かされ、人魚を人買いへ売り渡してしまうが、「おじいさんもおばあさんもそんなに悪い人なんかじゃない、そう叫びたい衝動に駆られた」。祖父

母が親代わりの自身と、人魚の境遇を重ねたのだろう。胸を満たしたのは、怒りでも悲しみでもなかった。「切なさという感情を初めて抱いた」。それが「自己」について考え始める最初の一歩だったのかもしれない。

山口県生まれ。結婚後、大阪や姫路で暮らし、子育ての傍ら、独学で詩をつづり始めた。「詩を書くことは、切なさの向こうに存在する不条理の正体を見極めること」が持論。詩作の原点を突き詰めると、『赤い蝋燭と人魚』との出合いがあった。その後、通信教育によって大阪*文学学校で詩についてさらに深く学び、1989年には兵庫詩人賞を受賞。今は須磨区内でギャラリー喫茶を営みながら詩作や詩の朗読活動を続ける。

未明の童話は、夢だけでない「大人の世界」への扉を開いてくれたが、反対に自身の中の「子ども」を思い出させてくれたのが、40代になってから読んだミヒャエル・エンデの『モモ』だった。「生きることの意味」を問い掛ける、哲学的ともいえる児童文学の傑作だが、一読し、「訳知り顔で、そつのない大人になってしまった」と自分自身の現状を悔い嘆いた。モモは、相談に来る相手の話に耳を傾け、その人自身を

＊大阪文学学校　1954（昭和29）年創設。昼間部、夜間部、通信教育部で構成。昼間部と夜間部では、講師と参加者による週1回の作品合評行われる。1万2500名を超える修了生がおり、芥川賞や直木賞など文学賞受賞者も多い。

とり戻させてくれる不思議な少女。「時間泥棒」と闘い、彼らが人々から奪った時間を取り返す。モモの純粋さをいとおしく思い、「モモになりたい」と切望した。

70歳を超えた今も「いつでも5歳や7歳の子ども心に戻れる、そういう自分でいたい」と笑う。熱愛する宮沢賢治の童話の数々に触発されて、詩ではなく、短編童話も60編以上創作したが、「童話を作ったのは、かつてモモだった私自身のため。童話を書くことで、無垢《むく》な気持ちになれる」と語る。

そうやって、大人と子どもを行き来しながら、これからも詩や童話をつむいでいく。

（２０１６年12月１日／堀井正純）

『赤い蝋燭と人魚』

１９２１（大正10）年に「東京朝日新聞」に連載され、小川未明（１８８２～１９６１年）の出世作となった創作童話。絵本に、画家いわさきちひろによる童心社版、淡路出身の絵本作家酒井駒子が手掛けた偕成社版がある。『小川未明童話集』（新潮文庫）などにも収録。

『モモ』

ミヒャエル・エンデ（１９２９～95年）著。『はてしない物語』と並ぶエンデの代表作。73年刊。翌年、ドイツ児童文学賞を受けた。世界各国で翻訳され映画化もされた。日本では岩波書店が大島かおり訳で出版。同社の『エンデ全集』にも収録されている。

児童文学作家

畑中弘子さん(73)

『鬼の玉手箱』から『山深き遠野の里の物語せよ』へ

「内なる鬼」意識し物語紡ぐ

40代半ばのことだった。児童文学作家畑中《はたなか》弘子さん（神戸市北区）はスランプで自信を失いかけていた。念願のデビューを果たしたものの2作目の出版が難航。そんな時期、児童文学仲間が偶然薦めてくれた本が、小松和彦の『鬼の玉手箱』だった。文化人類学と民俗学を足場に、鬼や妖怪、異人が棲《す》む闇の世界、日本の民俗文化の「負」の領域を探求した1冊で「目から鱗《うろこ》というくらい感動した」。

昔話の竜宮の玉手箱には、浦島太郎が失ったこの世の時間が封じ込められていたが、〈鬼がもし玉手箱をもっているとしたら、その中にあるのは鬼が失った鬼の歴史でないか〉〈私はそれを見つけ出し、それを開けてみたい〉と小松は研究への情熱を語る。「私たちが生きているこの場を『内部』社会とすると、同時に『外部』社会で生きることはできない。『外』のことは『内』側にいて想像するしかない。『外部』をイメージとして個別化したものが神や鬼という形をとる、という著者の考え方も興味深かった」。

以後、小松の他の著作や馬場あき子*の『鬼の研究』など、鬼や妖怪の本を探しては読んだ。一方で「内」と「外」や、「内なる鬼」を意識し、鬼の物語を書くようにもなった。妻や母として、家族はかけがえのない存在。主婦業に加え、自宅で英語塾も開いており、アイデアや書きたいテーマはあっても、取材や執筆の時間が足りず、葛藤にさいなまれた。表現者であったが、主婦であることが自分にとっての「表」の世界と思っていた。「おによろし」「鬼の助《すけ》」「モクの鬼《き》」……。爆発しそうな心や思いを鬼に託し、いくつも物語を紡いだ。自らの欲望、思いを隠し生きる鬼。人として生を送り、生の終わりに自由な鬼に戻った鬼……。人間同様、苦悩する鬼を描いた。自身だけでなく、親や知人をモデルに造形した鬼もいる。

修験道とゆかりの深い金剛山のある奈良県御所《ごせ》市の出身。幼いころは祖父の昔話に耳傾けた。民俗学の父・柳田《やなぎた》国男の名著『遠野物語』（1910年刊）も愛読していたが、『鬼の玉手箱』の後に手にした『山深き遠野の里の物語せよ』に、「書かねば」との思いを強くかきたてられた。遠野出身の研究者菊池照雄が、地元の「内」なる視点から

＊馬場あき子（1928年〜）歌人。教員生活を経て、78年に夫の岩田正と短歌結社「歌林の会」を結成し、歌誌「かりん」を創刊。86年「葡萄唐草」で迢空（ちょうくう）賞、94年「阿古父（あこぶ）」で読売文学賞受賞。評論に『鬼の研究』（現在はちくま文庫に収録）がある。

『遠野物語』を読み直した本だ。古老たちからの聞き取りや戸籍調査によって、「神隠し」や「山女」など怪異・幻想譚《たん》の多くが、実在の人々による事件、出来事に基づくことを示した。「『外』の人々にも、丁寧に光が当てられており、心打たれた」。「児童文学は、未来ある子どものための光の文学。向日性の文学」が持論。だが、「鬼の話をつづることで、恐れや不安、悲しみ、自らの負の部分を受け入れられるようになった」とも明かす。「影の文学」もまた人は必要とする。そんな思いを胸に今、新たな鬼の物語をまとめ始めている。

（２０１６年６月30日／堀井正純）

『鬼の玉手箱――民俗社会との交感』

小松和彦（１９４７年～）著、86年、青玄社刊。鬼、妖怪、憑霊《ひょうれい》、異界などをテーマに、70～80年代に発表した多彩な論考的エッセーを収録する。福武書店から新編文庫版も刊行されている。

『山深き遠野の里の物語せよ』

菊池照雄（１９２９～95年）著、89年、梟《ふくろう》社刊。『遠野物語』の原風景の再現を試みた民俗誌。著者は、岩手県の遠野市立博物館学芸員、同市史編集委員などを歴任。主な著書に『遠野伝承の人・佐々木喜善《きぜん》』など。

芝居プロデューサー

『春画 秘めたる笑いの世界』から『カムイ伝講義』へ

中島 淳さん(76)

庶民の生きる力を実感

「昔からずっと興味があった。今みたいに無修正の図像が載った書籍もないころから」と「春画《しゅんが》」への愛を語るのは、一人芝居・一人芸をプロデュースする「神戸芝居カーニバル実行委員会」事務局長・中島淳《じゅん》さん（宝塚市）だ。

本格的な春画展は、国内では東京で一昨年、京都で昨年、ようやく催されたばかり。だが北欧フィンランドでは、10年以上も前に企画・開催された。『春画 秘めたる笑いの世界』は、そのフィンランド展の図録の日本語版ともいうべき1冊。全編カラーで非常に美しい。「図録を眺め、これだけまとまって並んでいたのかと驚いた」。展覧会開催時、現地まで行くことはかなわなかった。その後、大英博物館での大規模な春画展が国際的に評価され、紆余曲折の末、日本でも実現したわけだ。

「性的なものへの関心は人類共通」と語る。男女の情交を描く春画は、枕絵や笑い絵とも呼ばれ、多くは浮世絵。江戸時代、北斎や歌麿をはじめ、ほとんどの浮世絵師が

手掛けた。男女や身分を問わず楽しまれ、嫁入り道具の一つとしても扱われたほどだ。「春画がタブーになってしまったのは、明治以降、性的なものを政府が規制し、オープンなものと認めなかったためだろう」と推測する。秘めたるもの、淫靡《いんび》なものへと評価が変化。だが、春画は元来、おおらかで開放的な性を描き、ユーモアや笑いにあふれ、西洋のキリスト教的な禁欲主義の性風俗とはかなり異なる。「春画は本来の人間の生き方を解放してくれるもの」と力を込める。

京都での春画展では、若い女性客も多く、「時代も変わってきたと感じた」。

魅力は絵だけではない。絵の背景を説明する「詞書《ことばがき》」や、登場人物のせりふを記す「書き入れ」など文字情報もユニーク。「とりわけ江戸庶民の夫婦和合の書き入れが面白い。いやらしさよりも情愛がストレートに伝わってくる」。

江戸の世の素晴らしさをもっと知りたいと、『未来のための江戸学』など、江戸文化研究者、田中優子《ゆうこ》さんの著書を何冊も手に取った。共著である『浮世絵春画を読む』も読了。「春画の考察が、学問になっていた」。

数ある江戸本のうち、印象深かったのが『カムイ伝講義』だ。劇画「カムイ伝」で表現された江戸時代の諸相を論じたもので、田中さんによる大学での講義が基になっている。「カムイ伝は、底辺からの視点で時代を見ていてすごい」。江戸が農耕を基盤にした優れた循環型社会だったとも知った。農民一揆のエネルギーにも触れた。感じたのは、春画同様、庶民のたくましさや生きる力だ。中島さんは、神戸で多様なテーマのトークイベントも企画する。「田中さんを招き、江戸とはどういう時代、社会であったかを語ってもらえれば。それが今一番の願い」

（2017年3月9日／堀井正純）

『春画 秘めたる笑いの世界』

白倉敬彦《しらくらよしひこ》、早川聞多《もんた》編著、2003年、洋泉社刊。02〜03年にヘルシンキ市立美術館で催された画期的な春画展の展示作を基に構成。笑いあふれるエロスの世界を270点、オールカラーで紹介する。本邦初公開の秘蔵品も多い。

『カムイ伝講義』

著者は法政大学総長を務める田中優子。2008年、小学館刊。白土三平《しらとさんぺい》による劇画「カムイ伝」を素材にした、法政大での田中の講義を基に編まれた。身分制度、一揆、鉱山、農村の綿花栽培や肥料のシステムなど多様なテーマを扱う。

市民ランナー

まだ見ぬ世界を追い求めて

小説『風が強く吹いている』から漫画『風が強く吹いている』へ

入江正彦さん(43)

2009年12月、加古川マラソン大会。会社員の入江正彦さんにとっては人生初のフルマラソンだったが、目標のサブフォー(4時間以内)を達成する3時間40分で完走した。その興奮も冷めやらぬうちに手に取ったのが、三浦しをんの小説『風が強く吹いている』だった。

同じアパートに暮らす寛政大学生10人が、素人だらけのメンバーで無謀にも箱根駅伝出場を目指す物語。随所にちりばめられた名言が読者の心をとらえる。中でも入江さんが感銘を受けたのは、メンバーを強引に駆り立てる元エリートランナー清瀬灰二《はいじ》のせりふだった。過去の傷害事件によって競技から遠のいていた天才ランナー蔵康走《かける》に向けられたものだ。

〈長距離選手に対する、一番の褒《ほ》め言葉がなにかわかるか(中略)『強い』だよ〉

勤務先は神戸トヨペット(神戸市兵庫区)。出勤前、ほぼ毎朝、午前5時半から約1時間走る。地道な競技は得意ではなかったというが、今は「さぼれば、しっぺ返しが来る。僕は市民ランナーで、しかもこれからどんどん年齢とともに体力は落ちていく。速さだけを求めていると続かないですから」と思う。「誰かに勝つことよりも、自分に勝つことが本当の強さなんだと小説に教えられた」。

かたくなだった蔵原の心も次第にほぐれ、仲間たちとの間に芽生えた絆とともに箱根へと突き進んでいく。入江さんもまた、マラソンを通じて新たな仲間と出会えた。

すっかり小説に魅了され、次に手を伸ばしたのが、この小説を原作にした海野《うんの》そら太による漫画化作品だった。全6巻を一気に読んだ。

個性的な登場人物たち、躍動感、疾走感……。小説を読みながら想像していたシーンが生き生きと立ち上がってきた。「名言の一つひとつも、より強く印象づけられた。漫画って活字を補完してくれる役割もあるんですね」。

その一つが、6区で箱根の山を一気に駆け下りるユキの言葉。ユキの視野から人の声や顔、景色が一瞬にして過ぎ去り、〈ここはずいぶん さみしいところだね カケル〉

と心の中でつぶやく。見開きで、ランナーがたどり着いた究極の境地を表現する。

「なぜ苦しく、しんどい思いをして、わざわざさみしいところに身を置くのか。いつか自分もこんなふうに感じる瞬間があるのだろうか。そのとき、どう感じるだろう。嫌なのか、このままでいたいと思うのか」

目標タイムは2時間45分。まだ見ぬ世界を追い求めて走る。

（2015年11月12日／松本寿美子）

小説『風が強く吹いている』

三浦しをん著、2006年、新潮社刊。元エースランナー2人と素人8人の寛政大学陸上部が箱根駅伝出場を目指す青春小説。

漫画『風が強く吹いている』

海野そら太画。三浦しをんの同名小説を原作とした漫画。2008年、集英社刊。三浦しをんは〈物語に深みと広がりが増した〉と第6巻巻末で感想を寄せた。

ジャズライブハウス元店主

渡辺つとむさん(48)

『縄文人に学ぶ』から『アフリカで誕生した人類が日本人になるまで』へ

音楽が映す奏者のルーツ

先月、多くのファンに惜しまれつつ閉店したジャズの老舗ライブハウス「サテンドール神戸」。3代目店主渡辺つとむさん(48)が挙げた本は、上田篤《あつし》著『縄文人に学ぶ』だった。読書はもっぱら電子書籍。昨冬、立ち読み機能で興味をそそられた。

1万年以上も続いた縄文時代だが、その実態はあまり知られていない。建築学者の著者は、玄関で靴を脱ぐ、家に神棚や仏壇を祭る——といった現代の風習は縄文時代がルーツ、という主張から読者を引き込んでいく。

中でも注目したのが、母系制社会だったとする点。力が強い男性が大勢の女性に子どもを産ませて「血族王国」を築きたがる父系制社会と異なり、子どもは女性の家に帰属し、支配者はもちろん女性。男性は働きが悪ければすぐに追い出され、狩猟で憂《う》さを晴らしたという。

「無意識に両親を重ねて読んだのかも」と渡辺さん。14年前に亡くなった父は外国航

路の船乗りだった。いったん海に出れば数カ月間は戻らない。まさに家の主は母だった。

専業主婦だった母は、渡辺さんが幼少時代に働き始め、不動産業で奮励。大手総合商社に引き抜かれたほどの敏腕で、今も現役だ。

「シャイで寡黙な父に対し、母はパワフルで厳しいこともはっきり言うタイプ。若いころはよく衝突したが、今はハートがあり、人を信じる力、男社会を崩す力がある魅力的な人だと理解できるようになった」

縄文時代は権力争いが起きやすい父系制社会ではなく、子孫の安寧と持続を願う母系制社会だったからこそ長く続いたのでは、と『縄文人に学ぶ』は類推する。小学生の息子の父でもある渡辺さんは「女性が仕切っている家庭が平和ってこと。社会もそうなればいい」と笑う。

その後、補完的に読んだのが溝口優司《ゆうじ》著『アフリカで誕生した人類が日本人になるまで』。縄文人はいなくなったのではなく、弥生人と混血しながら少しずつ置き換わったとする説に渡辺さんは共感する。「だから、風習もつながってきたんですよね」。

神戸ジャズの発信地として知られたライブハウスには世界中のアーティストが出演した。長年、彼らの演奏を聴きながら感じたことは、音楽はその人が生まれ育った民族性から離れられないこと。

「米国人、日本人……。それぞれのジャズがある。また、自分が育った地の色や風を表現できないと評価もされない。それこそがオリジナリティーだから」

突発性難聴のため店は閉じたが、ジャズから離れるつもりはない。「全国の店主らとネットワークを築き、地域の面白いミュージシャンが各地でライブができるシステムをつくりたい。ライブハウス離れを食い止めたいですね」と渡辺さん。

第2幕もエネルギッシュにスイングする。

（2016年8月25日／松本寿美子）

『縄文人に学ぶ』

2013年、新潮新書(電子書籍版も同年刊)。著者の上田篤は1930年、大阪生まれ。京都大学工学部卒。元建設省技官、元大阪大学教授。著著に『五重塔はなぜ倒れないか』『庭と日本人』など。

『アフリカで誕生した人類が日本人になるまで』

2011年、ソフトバンク新書(電子書籍版も同年刊)。著者の溝口優司は1949年、富山県生まれ。富山大学文理学部卒、東京大学大学院理学系研究科中退。国立科学博物館人類研究部長。著書に『頭蓋の形態変異』など。

主婦、生協クリエーター

『小林カツ代 料理の辞典』から『からだにおいしい魚の便利帳』へ

武道由佳子さん(47)

「食」を通じて社会に参画

「サステイナブル（持続可能）なひと」。そう書かれたエプロン姿がまぶしい武道《ぶどう》由佳子さんは「生活クラブ生協都市生活」（本部・西宮市）でクリエーターとして活動している。食にこだわった生協として知られる都市生活は、今年で設立30周年。生産者と消費者が協力し、この世界をきちんと次世代へ手渡すことを目指す。

「クリエーターといっても、要は世話係。普通の主婦です。でもその主婦たちが、ここでは自ら考え、行動している。食べることは選挙と同じ。おいしくて安全な食べ物を買うことで世の中に1票を投じ、良い生産者を守っているんですよ」

30代半ばで結婚・出産するまでは、アパレル業や医療機器メーカーで仕事一筋だった武道さん。いざ主婦業に専念することとなり、料理本を探していた時に『小林カツ代 料理の辞典』と出合った。辞典と銘打つだけあって、五十音順に２４４８品ものレシピを掲載。写真もなく、すがすがしいほど実用第一にできている。

「スマホで検索すれば、レシピなんていくらでも出てくる。でも、どれを信じていいのか、分からなくなっちゃうんですよね。これ1冊あれば、いつでも知りたいことが基本から調べられるし、ずっしりとした重みも頼もしい」

生活クラブに加入し、旬の地元野菜が毎週届くようになると、本書がますます役立った。「あら、今週はモロヘイヤなんて入ってるわ」と一瞬戸惑っても、素材別の索引をひけば、幾通りもの調理法を教えてくれるからだ。当初は「体に悪いモンほどうまいんや」とうそぶいていた夫も、次第に「こっちが本物なんやな」と理解し、喜んで食べるようになってきたという。

送られてくるのは野菜だけでなく、鮮魚のパックもある。そこで、同じく辞典風に編まれた『からだにおいしい魚の便利帳』を買い求めた。300種を超える魚介類について、おいしい食べ方や選び方、栄養価などを紹介。こちらは写真も多く載っており、図鑑の趣もある。

「一般に、現代っ子は〝魚離れ〟傾向にあるそうですが、この本のおかげもあって、わが家の小学生2人は魚が大好き。トビウオなんて届くと、胸びれをビローンと広げて観察したりして。野菜も魚も、地元でとれた旬の物をおいしく食べているだけ。それが健康や環境にもいいのなら言うことなしでしょ」

仕事を辞めて家庭に入ったばかりの頃には、周囲から閉ざされたような孤立感を味わった。しかし今は「食」を通じ、確かに社会に参画していると実感する。「消費とは決して、内にこもった受け身の行為じゃない。そのためにはもっと勉強しないと」。信頼の置ける2冊の料理本は、後輩主婦たちに送るエールだ。

（2016年8月18日／平松正子）

『小林カツ代 料理の辞典』

小林カツ代（1937～2014年）著。2002年、朝日出版社刊。家庭料理の第一人者としてテレビや雑誌で活躍し、200冊を超すレシピ本を残した著者の集大成。簡潔ながら優しい語り口で手順を教えてくれる。

『からだにおいしい魚の便利帳』

藤原昌高（1956年～）著。2010年、高橋書店刊。著者はウェブサイト「ぼうずコンニャクの市場魚貝類図鑑」を主宰。2千種以上の食用水産生物を網羅し、情報発信している。

障害児支援施設運営

本田信親さん（44）

『自閉というぼくの世界』から『自閉症の僕が跳びはねる理由』へ

自閉症の子 心の内を表現

伊丹市と東京・池袋で、放課後デイサービスなど障害のある子どもへの支援事業を手掛ける、本田信親さん。自身の双子の長男と次男も、自閉症などの障害がある。発語がない、手のひらを自分に向ける〝逆さバイバイ〟、さまざまなこだわり……。かつては自分の子どもでありながら、「この子は何なんだろう？」という思いがぬぐえなかった。

息子たちの小学校入学と前後して、会社を退職し、デイサービス施設を開くこととなった。多忙のためじっくりと関わる機会がなかった2人と、向き合うタイミングがやってきた。

うちの子は何を考えているのか、少しでも理解したい。さまざまな本を読む中で出会ったのが、絵本『自閉というぼくの世界』。重度の自閉症で会話はできないが、文字盤やパソコンを使って作家活動を続ける、東田《ひがしだ》直樹さん（24）が、初めて世に送り

出した作品だ。

〈ぼくは　一人でいたかったわけでは　ありません。そうしなければ　自分が　何をしでかすか　人から　どう思われるか　こわくて　こわくて　どうしようもなかったのです〉。周囲からは「一人でいるのが好きだろう」と思われがちな心の内をつづった一節。息子たちの心を代弁してくれているように感じ、衝撃を受けた。

勢いのまま、東田さんが中学生の時に書いた『自閉症の僕が跳びはねる理由』を開いた。〈僕たちが一番辛いのは、自分のせいで悲しんでいる人たちがいることです〉〈自分がいることで周りを不幸にしていることには、僕たちは耐えられないのです〉。

「正直、そんなことを考えているなんて思いもしなかった」。思い返すのが幼い頃、来客があった時の長男だった。長男はリビングに皆を輪になって座らせて「よかったね」と言いながら抱きついていた。いったん離れるが、また同じことを繰り返す。「きっと、怖いけど、みんなと一緒にいたい、という気持ちがあったんでしょうね」。

わが子にも語りたい言葉があると気付いた。本田さんは2人にローマ字を教え、息子たちは今ではパソコンやＬＩＮＥの操作もできる。「会話の代替手段があれば、自分を表現することにつながる」。

現在は、軽度から最重度まで、2～18歳の子どもたち延べ約３００人の利用者と関わる。「没個性化している世の中とは正反対で、個性の集まりです」と笑う。

障害についての本は、ともすれば当事者以外の目に触れにくいが、広く目をとめてもらいたいという。パニックに陥ったり、できないことに涙を流したりしながらも、口から出るのは無関係の言葉。「そんな彼らが置かれている不安が、いかに大きなものなのか。少しでも理解するきっかけをくれます」。

（２０１７年６月29日／太中麻美）

『自閉というぼくの世界』

東田直樹（１９９２年～）作、井村禮子《れいこ》（１９６４年～）絵。２００４年、エスコアール刊。自身の内面や悲しみ、喜びについて、小学3年生の時に書き上げた作文を絵本にまとめた。

『自閉症の僕が跳びはねる理由』

東田直樹（１９９２年～）著。２００７年、エスコアール刊。自閉症の人の心の動きや行動の意味などを、対人関係、興味・関心といったテーマごとに、一問一答形式で記している。エッセーや短編小説も収録している。

小学校図書ボランティア

『図工準備室の窓から』から『世界地図の下書き』へ

宍戸祐子さん

対等な目線で向き合う

「ほんのおいしゃさん」の看板を掲げたワゴンには、表紙が外れたり、とじ糸の緩んだりした本たちが日々運ばれてくる。神戸市垂水区の市立霞ケ丘小学校で図書ボランティアをしている宍戸祐子さんは「読むのも大好きだけれど、傷みを直したりするうち、本への愛着が一層深まりました」と声を弾ませる。

児童の母親らによるボランティアグループ「ピノキオ」が発足したのは4年前。宍戸さんは創設メンバーの一人だ。自らもかつて学んだ同校の図書室で多くの本に触れる中、ふと心に留まったのは岡田淳《じゅん》さんの児童文学作品だった。「子どもの気持ちを底辺からすくい取っている。こんなお話を書けるのはどんな人かしら」。次第に作者本人への興味が増し、エッセー集『図工準備室の窓から』に手を伸ばした。

西宮市で40年近く図工教師として勤めた岡田さんが、子どもたちとの交流をつづった1冊。翌日の授業の用意を聞かれると〈筆記用具と、愛と勇気〉と答え、授業での

発表順は指名やじゃんけんでなく〈目と目〉を見合って決めさせる……。児童を教え導くのでなく、対等な目線で向き合う態度が貫かれている。

「子どもに何を伝えるべきか、私も日々考えていた。でも『○○しなさい』って口で言うより、信じれば応えてくれるんですね。親と子、先生と生徒という関係性じゃなく、同じ人間と人間。きちんと人格を認めて相対すればいいのだと」

そう悟った宍戸さんが次に求めたのは、「正反対の本」。先生でなく生徒からはどんな景色が見えているのかを知ろうと、平成生まれの作家・朝井リョウを読んでみることに。早稲田大学に在学中、若者言葉を駆使した小説でデビューした書き手であり、確かに子どもや生徒側の代弁者といえる。しかし、児童養護施設を舞台にした『世界地図の下書き』を読んだとき、年齢や立場を超えて共感を覚えた。

「いじめや虐待など人間の嫌な面も描かれますが、心が通っていて表現にウソがない。そして最後には、しっかりと希望を持たせてくれる。リョウ君自身もきっと、よい出会いを重ねて、真っすぐに育ってきたのでしょうね」

中学3年でドイツのハンブルクに移り住み、現地の音楽院を卒業する22歳までを過ごした宍戸さん。「日本語に飢えていた」青春時代の体験ゆえか、好きになった作家はとことん読み尽くす。お気に入りの「リョウ君」についても、エッセー集『学生時代にやらなくてもいい20のこと』は「私のバイブル」と呼ぶほどに愛読。そしてもう一つ、「生きる支え」となっている一文があるという。短編集『少女は卒業しない』のラスト。夜の闇を恐れていた少年が取り壊し直前の校舎でつぶやく、こんなセリフだ。
〈もう朝だから、ひとりで行ける〉

（2016年9月8日／平松正子）

『図工準備室の窓から』

岡田淳（1947年～）著。2012年、偕成社刊。副題は「窓をあければ子どもたちがいた」。38年間務めた図工教師の日常を通して、人生観や教育観を語っている。同社のウェブサイトに09年から3年間連載したエッセーに書き下ろしを加えた。

『世界地図の下書き』

朝井リョウ（1989年～）著。2013年、集英社刊。児童養護施設で暮らす子どもたちの成長を描く。直木賞受賞後の第1作であり、大人も子どもも共有できる文学作品に贈られる坪田譲治文学賞を受けた。スタジオジブリの近藤勝也《かつや》さんによる装画も話題に。

小児科医

『東ローマ帝国における病院の発祥』から『近代以前の医学におけるハンセン病』へ

堀 忠さん（62）

デマはなぜ生まれるのか

小児科医の堀忠《ただし》さん（神戸市中央区）が、ティモシー・ミラー著『ザ・バース・オブ・ザ・ホスピタル・イン・ザ・ビザンチン・エンパイア（東ローマ帝国における病院の発祥）』に出合ったのは、2005年に大阪府内の病院の小児科副部長を退いた後だった。

ゆっくりと学べる時間ができ、キリスト教信者として聖書を原書で読みたいと、小さな診療所に勤める傍ら、関西学院大学神学部に聴講生で通った。そのとき社会事業の基礎として病院に着目した。

その発祥は4世紀末のカッパドキア（現トルコ中央部）。キリスト教の修道院の医務室に外部からも患者が来るようになり、発展したとされる。その中で印象に残ったのは、指導者的な神父たちが「ハンセン病は簡単に感染する病ではない」と主張していたこと。

「つまり過去に感染した人を見たことがないという。非常に科学的。しかし、実際の

病院では過去の偉い先生によって書かれた定説が重んじられる。確かに定説の尊重も大事だけれど、日常の素朴で豊かな経験まではね飛ばしてしまう面もあると思っていたので」と話す。同大大学院での修士論文のテーマにも取り上げた。

しかし、疑問が湧く。「せっかくいいことを言っていた人たちがいたのに、いつ、どのように忘れ去られてしまったのか」。

そこでインターネット書店で求めたのが、ルーク・デメートル著『レプロジー・イン・プレモダン・メディシン（近代以前の医学におけるハンセン病）』。中世ヨーロッパのハンセン病の診断方法が書かれ、既に隔離の対象だったことが記されていた。

残念ながら疑問は解消されなかったが、誤った説が生まれる過程が丁寧に書かれていた。荒唐無稽な例でいえば「女性が月経中に妊娠した赤ちゃんはハンセン病になる」との説。当時ハンセン病が「血の汚れ」とされたため、ある医師の推測が定説となり、教科書にも堂々と載っていた時期があったというから驚きだ。

「19世紀末にらい菌が発見され、いっそう忌避されるわけだが、細菌があるから感染するというのは一見科学的なようで短絡的。発病には複雑な過程や条件が必要なのに、隔離政策が先にあり、過去の膨大な文献から都合のよいものだけが集められた」と説明する。

「人間って、もっともらしい話が好きですよね」と堀さん。その後、読んでいるのは数々のデマの検証本。〝短命〟だったものも多い中、ハンセン病は実に150年も続いたデマになる。

「真理とは何か。真理でないものはどこから生まれるのか。ハンセン病をデマの観点から研究したら、自分にもまだ何か言えることがあるんじゃないかな」

（2016年10月22日／松本寿美子）

『The Birth of the Hospital in the Byzantine Empire』

ティモシー・ミラー（米・ソールズベリー大学准教授）著。1997年、ジョンズ・ホプキンス大学出版局刊。4世紀末のカッパドキアにおける病院の誕生を書いた。邦訳書は出ていない。

『Leprosy in Premodern Medicine』

ルーク・デメートル著。2007年、ジョンズ・ホプキンス大学出版局刊。「全身のがん」「魂の病気」とされた前近代のハンセン病への偏見と、その時代の医師たちの論文を追った。こちらも邦訳は未刊。

書店支社長

『君といつまでも──若大将半生記』から『社会防災の基礎を学ぶ』へ

林善一郎さん

色あせることない情熱

「実を言うと子どもの頃は、読書よりも自動車が好きだったんですよ」。そう打ち明けるのは、丸善ジュンク堂書店外商本部の神戸支社長を務める林善一郎さん。運転にかけては近畿大学在学中、独学でA級ライセンスを取得したほどの腕前を誇る。

そんな林さんが「人生を形成する上で土台となった本」として挙げたのは、俳優・加山雄三さんの『君といつまでも──若大将半生記』。映画「若大将」シリーズで人気を博し、歌手としても「君といつまでも」で大ヒットを飛ばすなど、国民的スターだった29歳の時点での「半生記」だ。刊行された当時、中学生だった林さんはたちまち魅了され、「30回は読んだかな」と振り返る。

「ヨットやスキー、友人たちとの音楽活動に打ち込み、硬派で通された大学時代の姿が、特に印象深かった。それで私も大学を目指し、普通科高校への進学を決めたほど。その後も人生の節目ごとに、この本が道しるべになりました」

大学4年になり、就職を考える際にも、本書の教えに従ったとか。「加山さんはあれだけの人気絶頂期にも、自身をとても客観的に見ていた。好きなだけでは仕事になりませんから」。そこで自らの運転技術を冷静に分析し、カーレーサーの道は断念。自動車とは無縁の出版書店業界へ。「3年も続けばいいと思っていたが、結果的には一生の仕事と出合えた。感謝ですね」。

以来、「歌はハートで歌え！」という加山さんの言葉を「本」に置き換え、仕事に取り組む日々。外商部の営業活動では、自治体や大学、企業関係者と接する機会が多い中、最も重要だと考えるようになったのが「防災」の問題だった。とりわけ前林清和・神戸学院大教授の『社会防災の基礎を学ぶ』は、大いに参考になったという。

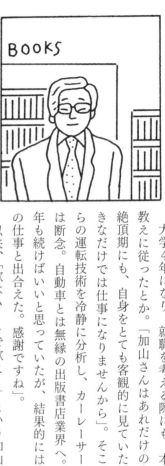

副題に「自助・共助・公助」とある通り、個人や隣近所、公的機関が、それぞれの役割でなすべき支援を分かりやすく説明。災害とは、ボランティアとは、命とは何か？根本的な心構えから学ぶことのできる防災の教科書となっている。

「私自身も阪神・淡路大震災の経験者でありながら、22年が過ぎて記憶は薄れつつある。しかし国内外を問わず、災害が絶えることはありません。ハード面など専門家が担うべき領域もあるが、この本は災害時に私たち一人一人が『人として』何をすべきかを教えてくれる」

『――半生記』を初めて読んでから半世紀近く。情熱は今も色あせることなく、昨秋には静岡県西伊豆町の加山雄三ミュージアムを訪れ、感謝の手紙を届けた。「継続は力なり、ですよ」と林さん。その思いはもちろん、防災にも通じる。

（2017年8月17日／平松正子）

『君といつまでも――若大将半生記』

加山雄三（1937年〜）著。66年、報知新聞社刊。いたずら好きだった幼少期から学生時代、東宝入社後の活躍まで、赤裸々につづった半生記。付録に「加山雄三のスキー教室」「出演映画一覧」「レコード一覧」なども。

『社会防災の基礎を学ぶ――自助・共助・公助』

前林清和（1957年〜）著。2016年、昭和堂刊。日本の災害史や日本人の災害観などを検討の上、被災者や支援者の思想的根拠や実践について考える学術書。印税はカンボジアの子どもたちの教育支援に充てられる。

女優、大学講師

本田千恵子さん

『ディズニー名作絵話』から『ガラスの仮面』へ

想像に遊んだ少女 舞台へ

幼い日、母親が読み聞かせてくれたのは『ディズニー名作絵話《えばなし》』だった。弁護士の父親が全集好きだったからか、21巻までが買いそろえられていった。

女優本田千恵子さん（尼崎市）は、毎晩、新しい物語との出合いに心を躍らせ、布団であおむけに並ぶ母の声に耳を傾けた。次第に声が途切れがちになったと思った次の瞬間、バサッと本が顔を直撃したことも、温かな記憶だ。

中でもお気に入りだったのは17巻目の「小さな家」。開発によって高いビルの谷間に取り残された小さな家が小高い丘へ移築され、新婚夫婦の住まいになるという物語。「ピンクの家の悲しそうな顔に対し、ビルの顔がすごく怖かった。東京で生まれ育ち、ビルの風景が当たり前だったけれど、開発がどういうものかがよく分かった。今も街中でビルを見るとあの怖い顔を思い出します」

絵本に育まれた翠かな想像力は一人遊びにも大いに生かされ、本棚にいる小人から

部屋がどう映るかを妄想したり、手鏡に天井を映しながら歩いてみたり……。不思議な世界に浸っては楽しんだ。

そんな少女時代、次に夢中になったシリーズものが美内すずえによる少女漫画『ガラスの仮面』。平凡な少女マヤが、大女優だった月影に才能を見いだされ、演劇の面白さに目覚めていく。

「マヤがいろんな役になって変化するのが面白くって。近所の書店数軒をぐるぐる巡り、立ち読みで読みふけりました」

憧れの世界はやがて現実となる。中学生のときにオーディションを受け、映画「ユッコの贈り物」に出演。高校時代にはその経験から文化祭でヒロイン役に抜てきされ、すっかり舞台のとりこに。日本大学で演劇を学び、在学中から文学座の演劇研究所でも研さんを積んだ。

その後、舞台での共演が縁で結婚。長男が2歳のとき、一足早く夫が所属していた県立ピッコロ劇団（尼崎市）に入団。現在は甲南女子大学文学部メディア表現学科の非常勤講師をはじめ、演劇教育にも力を入れる。昨年12月にはその功績が評価され、県芸術奨励賞を受けた。

「いつも学生の人生の一部に立ち会っているつもりで指導している。彼らはいつか私の顔や名前なんて忘れていくだろうけど、表現に向き合い、みんなで舞台を追求し、創り上げた手触りを残しておいてあげたい」

少女時代のマヤ気分はどこへやら、「実は数年前、昔の演劇仲間から『おまえ、月影先生みたい』って言われたんです。年を取ったんですね」と笑う。

ところで、強い愛着を残した『ディズニー名作絵話』は長男の子育て中にも活躍。今も大切に保管されている。そして長男は本田さんの母校の日本大学で、やはり演劇を学んでいる。

（2016年1月14日／松本寿美子）

『ディズニー名作絵話』

講談社刊。ディズニー映画を絵本化したシリーズ。第1巻「101匹わんちゃん大行進」（1967年）から第22巻「ミッキーマウスのジャックと豆の木」（73年）までが刊行された。

『ガラスの仮面』

白泉社刊。1976年に少女漫画雑誌「花とゆめ」で連載がスタート。同年に単行本化が始まり、第49巻（2012年）までが刊行されている。物語は今も終わっていない。作者の美内すずえは西宮市生まれ。

スイーツ情報発信会社経営

三坂美代子さん(55)

『沙門空海唐の国にて鬼と宴す』から『海賊とよばれた男』へ

偉人の姿に背中を押され

街の洋菓子店を中心に、イベント開催などでスイーツの情報発信を手掛ける「CUADRO（クアドロ）」（神戸市中央区）。社長の三坂《みさか》美代子さんにとって、本は仕事に行き詰まったときなど、全てを忘れられる「別世界」だ。

約10年前の会社立ち上げ直後は、環境の変化で精神的に追い詰められることがあった。気分転換にと、読書家で壁一面の本棚を持つ夫に、おすすめの本を尋ねた。

推薦されたのは「ペンネームから、なんとなく敬遠していた」という夢枕獏《ゆめまくらばく》の長編『沙門《しゃもん》空海唐《から》の国にて鬼と宴《うたげ》す』だった。だまされたつもりで手に取ったが、それまで偉人伝で読んだのとは全く異なる空海像に、夢中で読み進み〝寝落ち〟してしまうほど入り込んだ。

若き日の空海が、遣唐使として渡った唐の国で、あやかしの者と出会う伝奇小説。印象的だったのは、兵士の俑《よう》（立像）が登場する場面。ベッドの脇から俑が出てくる夢

を見たほどだ。「本は読み手が平面を空間に育てるもの。一人ひとりイメージが違うし、脱日常ができる」と魅力を語る。

それからは仕事の方も上昇気流に。一軒のケーキ店を担当したのがきっかけで、次々と洋菓子店とのつながりが生まれた。県洋菓子協会でのパソコン指導や、ポータルサイトの運営などを担当。試食会で買い手の声を作り手に届ける企画も始めた。

読書は電車内が多かったが「車移動が増え、本を読む時間が取りづらい」と苦笑する。そんな中、知人と回し読みしたのは百田尚樹《ひゃくたなおき》著『海賊とよばれた男』。人気番組の放送作家ということもあり、小説家デビュー前から注目していた。

終戦後の神戸などを舞台に、主人公の会社が困難を乗り越え、大企業に成長していくサクセスストーリーの高揚感に引かれた。ビジネスに取り組む自身に重ねる部分もある。「幼い頃、偉人伝を読んでいた自分に戻って、シンプルに〝すごい〟と思える」という。

今、傍らに置くのは、吉田兼好《けんこう》が著した日本三大随筆の一つ『徒然草《つれづれぐさ》』。ランダムに開いて、目に付いた章を読むのがお気に入りだ。７００年以上前の作品でも、人間のリアルな感情を共有できる。「学校で習った10代の頃でなく、今の年齢だから響いたのかな」。

本もスイーツも、大切なのは出合いのタイミング。甘い一品がもたらす幸福感を求め、イベント開催など多忙な日々を駆け抜ける。

（２０１７年2月23日／太中麻美）

『沙門空海唐の国にて鬼と宴す』

夢枕獏著、２００４年、徳間書店刊。全4巻。唐に渡った若き日の空海が、同じ遣唐使の橘《たちばなの》逸勢《はやなり》と共に、楊貴妃《ようきひ》にまつわる怪異に相対する。１９８７年から17年かけて執筆された大作。

『海賊とよばれた男』

百田尚樹著、２０１２年、講談社刊。出光興《いでみつ》産の創業者、出光佐三《さぞう》をモデルとした歴史経済小説。同社が終戦後の逆境から、大企業に成長する姿を描く。13年、全国の書店員が選ぶ「本屋大賞」を受賞した。

川柳作家

『ヴァン・ゴッホ・カフェ』から『この本をかくして』へ

妹尾 凛さん

〝ジャケ買い〟に失敗なし⁉

〈夕焼に入っておいであたまから〉〈そちらは雨ですこちらは菫《すみれ》です〉〈ほんとうのこと口笛でいってみる〉……。妹尾凛《せのおりん》さんは五七五で世界の不思議を物語る川柳作家だ。その寓話《ぐうわ》めいた句風の通り、妹尾さん自身も、子どもと子どもの本をこよなく愛する。

シンシア・ライラント作『ヴァン・ゴッホ・カフェ』と出合ったのも、書店の児童書コーナーを物色していた時のこと。「大好きなゴッホの絵『夜のカフェテラス』を思わせるタイトルと表紙。一目見て〝ジャケ買い〟しちゃいました」。意気揚々と買って帰ったものの、一読してビックリ。「ゴッホとまったく関係ないじゃない！」。

舞台は、かつて劇場だった建物の片隅にあるカフェ。店主のマークと10歳の娘クララが切り盛りするその店には、壁に魔法が染み込んでいて、時々ちょっとした奇跡が起こる。マフィンが毎日一つずつ増えたり、猫がカモメに恋したり、昔の名優が亡き友と再会したり――。七つの物語が絶妙に絡み合いながら展開する。

「全体に甘いお話なんだけど、クララたちとお母さんは別居していて年1回しか会えないなど、ビターな味わいもある。各章のつながりや最後のオチもしゃれていて、大人が読んでもしみじみ感動できるんですよ。タイトルにはだまされましたが、たたずまいの美しい本は中身も裏切りません」

以来、書店の棚で確かめるのは、本の形や表紙の絵柄、作者や挿絵画家の名前、そしてタイトルのセンス。ページを開くのは帰ってからだ。次に妹尾さんの心をとらえた書物は、マーガレット・ワイルドの絵本『この本をかくして』。少年がうずくまる荒野に銀色の書名が刻されたこの麗しき本にもしかし、タイトルに落とし穴があった。「原題は『ザ・トレジャー・ボックス』。ぜんぜん違う」。

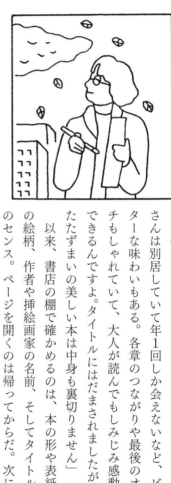

物語は戦争で図書館が爆撃され、蔵書が木っ端みじんになるところから始まる。残ったのはピーター少年の父が借りていた1冊だけ。父子は本を鉄の箱に入れ、命よりも大事に守りながら逃亡を続ける。いよいよ守り切れなくなった時、ピーターは箱を大木の根元に埋め、戦争が終わるのを待つのだった。

「原題の通り、本は民族の歴史や文化が詰まった大切な宝物。一度失われたら取り返しがつかない。国や時代が特定されていないから普遍的で、自分の問題として考えさせられた。絵本という形を借りながら、生や死に対峙《たいじ》した人間の業《ごう》を描いてるんですね」

子どもにも伝わるやさしい言葉で、世界の真理にそっと触れる。それはまさしく、妹尾さんの川柳にも通じている。

（2018年3月1日／平松正子）

『ヴァン・ゴッホ・カフェ』

シンシア・ライラント（1954年〜）著、中村妙子訳、ささめやゆき絵。96年、偕成社刊。著者はニューベリー賞*も受けたアメリカ人作家。絵本からヤングアダルト、長編まで幅広く手掛け、大人も楽しめる作品多数。

『この本をかくして』

マーガレット・ワイルド（1948年〜）著、アーサー・ビナード訳、フレヤ・ブラックウッド絵。2017年、岩崎書店刊。著者はオーストラリアを代表する作家。『キツネ』『ライオンのひみつ』など日本でも広く読まれている。

＊ニューベリー賞　アメリカで出版された児童書に贈られる文学賞。1922年、アメリカ図書館協会によって創設された世界で最初の児童文学賞。児童書の発展に貢献したイギリスの著述家・出版家ジョン・ニューベリー（1713 〜 1767）にちなむ。

ダンサー

田中幸恵さん

『ELEMENTARER TANZ』から『大野一雄 稽古の言葉』へ

身体表現の豊かさ知る

神戸・新長田を拠点とする「NPO法人ダンスボックス」のスタッフ、田中幸恵《さちえ》さんは、2000年から10年間、ドイツでダンス漬けの日々を過ごした。ケルン体育大学で学び、踊り手として各地で舞台に立った。

そのころ大学の授業で手にしたテキストが『ELEMENTARER TANZ（エレメンタリーダンス）』だ。エレメンタリーダンスとは、戦前にドイツの振付家マヤ・レックスらが考案し、戦後、後継者のグラツィエラ・パディリアと発展させた舞踊教育の手法。歩く、跳ぶ、走る、回るなど、身体の動きを要素に分解し、リズムや強弱をつけ、自在に組み合わせていく。

「衝撃だった。こんなやり方もあるんだと目を見開かれた」

渡独前の武庫川女子大時代、18歳でダンスを始めたが、「見よう見まね。テレビの『ダンス甲子園』*が人気のころで、高く脚が上がる、高く跳べる、上手に回転できる、

＊ダンス甲子園　日本テレビ系のドキュメント・バラエティ番組「天才・たけしの元気が出るテレビ!!」（1985年4月～96年10月）内の一般人参加人気企画。高校生を中心としたダンスブームの火付け役となり、山本太郎（現参議院議員）らを芸能界に輩出。

そういうことばかり重視していた」。ダンスが好きで踊っていたが「私は身体は硬いし、身体能力も高くない。自分をダンサーとは思ってなかった。でも、エレメンタリーダンスのやり方なら、私もやっていいんだと思えた」。基本的な肉体の動きを発展させ、組み合わせ、ダンスが生まれる。手足の関節や筋肉の動きに細部まで注意を払うようになり、身体の使い方に対して意識が変わった。現在、小学校や高校でダンスを指導しているが、「今でもこの教科書を見返すことがある。困ったときに基礎に帰る。短期間で動きを試し、発展させ、作品にしていくときの土台になる」。

ドイツ時代、もう1冊、忘れられない本に出合った。教科書でダンスへの考え方が一変したが、身体表現の豊かさや精神との関係について再考させてくれたのが、舞踏家大野一雄《かずお》の言葉を収録した『稽古の言葉』だ。欧米でも名高い日本の「BUTOH」について当時知識がなく、日本人なのにと、留学先で不思議がられた。友人から『稽古の言葉』を借りて読み、06年に一時帰国したとき、横浜の大野のスタジオを訪ね、稽古に参加した。大野本人に会うことまでできた。

「当時、世阿弥《ぜあみ》の『風姿花伝《ふうしかでん》』も読んでいて、通じるものを感じた。踊りにどこで『生』が吹き込まれるのか。読みながら何度もはっとした。ダンスに正解なんてない。小細工しなくても表現になるんだと教えられた」。時折本棚から取り出して、異才の言葉を玩味《がんみ》する。魂の鳥のようなものが目から出入りする、などと、独特の表現も多いが、「理解できるというより、体感できる言葉のほうが心に残りやすい」。

晩年まで現役だった大野のように何歳になっても踊り続けたいと思っているが、今は舞台制作やダンス指導を中心に日々を送る。「これからもダンスを通し、『本当の豊かさ』とは何かを社会に問い続けていきたい」

（2016年3月10日／堀井正純）

『ELEMENTARER TANZ』

ドイツ語のダンス指導書。1988年、マヤ・レックス、グラツィエラ・パディリア著。Florian Noetzel 刊。邦訳本『エレメンタリーダンス』が大修館書店から刊行されている。

『大野一雄 稽古の言葉』

1997年、フィルムアート社刊。土方巽《ひじかたたつみ》と並ぶ「舞踏」（BUTOH）の創始者の一人、大野一雄が77〜96年に、横浜の稽古場で語った言葉の録音テープを基に編まれた。

ダンスNPO代表

『暗黒のメルヘン』から『BALTHUS』へ

大谷 燠さん（65）

現実の向こう側への憧れ

若き日、舞踏との出合いから前衛的なダンスの道に入り、現在は神戸アートビレッジセンター（KAVC、神戸市兵庫区）館長、NPO法人ダンスボックス（同市長田区）代表などを務める大谷燠《おおたにいく》さん。

小説家で仏文学者の澁澤《しぶさわ》龍彦が、坂口安吾、江戸川乱歩、夢野久作らの短編を集めて編んだ『暗黒のメルヘン』は、自身にとってゆかりの深い1冊だ。3、4歳の頃、目の見えない祖母が枕元で聞かせてくれた、泉鏡花の「龍潭譚《りゅうたんたん》」が収められている。

それは幻想的で甘美な世界だった。見渡す限りの紅《べに》ツツジの中、年端のいかぬ少年千里《ちさと》が道に迷う。姉と巡り合うも、毒虫に触れたせいか顔が腫《は》れ、別人扱いされる。そこに渡し船が現れ……。

〝再会〟したのは東京での大学時代。パチンコ屋の景品として並んでおり、読んでみると「聞いた話と一言一句違わず、感動した覚えがあります」。

京都大学の西部講堂で土方巽《ひじかたたつみ》率いる舞踏に出合い、とにかく東京へ！　と東京大学に進んだ。しかし学問には熱が入らず、土方の弟子と「北方舞踏派」を結成、大学はやめた。活動を通じ澁澤本人とも何度か会った。「すごく中性的で透明感のある、博識な方でした」と振り返る。

澁澤作品は「今、目の前にある現実の向こう側を見せてくれる」。自身がダンスの舞台を創るとき、「お客さんをさらいたい、という気持ちがいつもある。根っこには、この本で出合った迷宮的な世界があるのかも」。

30代は一転、踊りから遠のいた。ポルトガルやフランスなどを1年余り放浪。帰国後は遊園地でピエロをしたり、手彫りのゴム印を販売したところ思わぬヒット商品になったりと、逸話は尽きない。

1992年、故郷の大阪に開館したトリイホール*のプロデューサーに就任し、再び舞台に関わるように。5年後にダンスボックスを創設。有志に舞踏を指導していたところ「穴埋め」で出演の機会に恵まれ、2000年にはフランス公演を果たす。

パリの書店で手にしたのが、好きだったバルテュス*の画集『BALTHUS』。ピカソ

＊トリイホール　大阪市中央区千日前にある小劇場。落語家、歌舞伎役者などが泊まる老舗旅館「上方旅館」が前身。
＊バルテュス（1908〜2001）、20世紀を代表するフランスの具象画家。本名 Balthazar Klossowski。エロティックな少女像で知られる。

は「巨匠」とたたえたが、少女を描いた作品が物議を醸すなど、画風は独特だ。大谷さんにとっては「少女の怖さとか純粋性を描き、ダンス作品のイメージを膨らませてくれる」存在という。バルテュスの絵画から着想し、振り付けた「水の底」は米国などで高い評価を得た。

画集、伝奇もの、時代小説、漫画……。とにかく読んできた。本は「自分の文脈を増やしてくれた。違う意見を聞く力が付き、打たれ強くなりました」と笑う。だから蔵書の一部は活動拠点の書架に置いている。若い仲間の「この1冊」との出合いを願って。

(2018年6月14日/新開真理)

『暗黒のメルヘン』

澁澤龍彥(1928~87年)編。71年、立風書房刊。前出の4氏のほか埴谷《はにや》雄高《ゆたか》や島尾敏雄ら、幅広い分野の作家による幻想小説計16編を収録。編者は「龍潭譚」を「鏡花の詩精神の最も美しく結晶した小傑作」とたたえた。

『BALTHUS』

バルタザール・クロソフスキー・ド・ローラ(通称バルテュス、1908~2001年)画。*TASCHEN刊。鑑賞の一助に、回想録『バルテュス、自身を語る』(アラン・ヴィルコンドレ著、11年、河出書房新社)なども。

＊TASCHEN ドイツの国際的な美術書出版社。『BALTHUS』(著者:Gilles Neret)は2003年にドイツ語版と英語版、04年にスペイン語版が刊行されている。

探偵小説愛好会主宰

野村恒彦さん(61)

『鬼火』から『風が吹く時』へ

埋もれた名作 発掘に喜び

神戸・南京町《なんきんまち》の西門にほど近い、小さな古書店「うみねこ堂書林」。店主の野村恒彦さん(神戸市西区)は、探偵小説愛好会「畸人郷《きじんきょう》」を主宰する関西屈指のミステリー通でもある。少年時代からの読書熱が高じ、一昨年春、ついにこの店を開いた。

「今ならネットで瞬時に見つかる1冊を探し求め、何日も古本屋を回った。でも時間を無駄にしたとは思てへん。手に入らないから、欲しくなる。本との出会いは、人間と同じやからね」

高1の時、SF好きの友人ができた。「それなら僕はミステリーや」と、早川書房の「ミステリマガジン」を購読し、同好の士と盛んに文通。そんな中、運命の出合いを果たしたのが横溝正史《せいし》だった。昭和50年代のブームより以前、まだ知る人ぞ知るマイナー作家にすぎなかった。

当時読んでいたのはアガサ・クリスティ、エラリー・クイーン、ディクスン・カー

の〝御三家〟に、日本人では江戸川乱歩くらい。そこへ『現代推理小説大系』（講談社）が出た。第4巻が横溝で『本陣殺人事件』『獄門島』『蝶々殺人事件』などに熱中。「御三家に劣らぬトリックが、日本を舞台に書かれてる。これはすごい作家や」。略歴を見て同じ神戸の出身と知り、ますますのめり込んでいく。

「鬼火」は１９３５年、雑誌「新青年」に発表した横溝中期の短編。いとこ同士ながら憎しみ合って育った2人の青年画家が、モデル女をめぐって激しく対立する陰惨な愛憎劇だ。野村さんは大学に進学後、桃源社の完全版で読んだという。

「戦後の金田一シリーズほど知られていないけれど、初期作品も実にうまい。『鬼火』は谷崎潤一郎の『金と銀』のパクリやなんて言われるが、作品としては谷崎を超えてると思う。まさに鬼気迫る名作」

埋もれていた横溝の旧作を読み進むうち、御三家以外の海外作家にも食指が動きだした。とはいえ、何を読んでいいのか分からない。当時はマニアの間で「ハヤカワ・ポケット・ミステリ」の百番台を集めるのがはやっていた。そこで、たまたま目につ

いた「178番」のシリル・ヘアー著『風が吹く時』を買い求めた。

舞台はイギリスの地方都市。素人楽団のコンサートの最中に、客演のバイオリニストが殺害される。犯人は団員のうちの誰か。自身も法律家の著者は英国風ユーモアを交えつつ、あくまで理詰めで謎解きをしてみせる。

「アメリカ風の派手な展開はなく、話の運びもノロい。しかしそこに、かえって渋い味わいがあった。世界にはまだまだ本格ミステリーの書き手がいる。そう教えてくれた1冊やね」

熱く語る店主を囲んだ棚には、古今東西、有名無名のミステリーがぎっしり。陰謀詭計《きけい》を内に秘め、次なる読者を待ち受けている。

（2016年2月25日／平松正子）

『風が吹く時』

著者シリル・ヘアー（1900〜58年）は英・オックスフォード大を卒業後、検事や判事を歴任。『法の悲劇』『英国風の殺人』などが日本でも紹介されている。「ハヤカワ・ポケット・ミステリ」版の本作は宇野利泰《としやす》訳。

『鬼火』

横溝正史（1902〜81年）著。肺結核の療養中だった34年に執筆、翌35年「新青年」に発表した。一部の描写が当局の検閲に触れて削除されたが、69年に桃源社が『鬼火・完全版』を刊行。ほかに角川文庫版などがある。

地域こどもカフェ代表

中村保佑さん(72)

『へろへろ』から『罪の声』へ

緩やかにつながる地域に

買い物客でにぎわう、神戸市東灘区の甲南《こうなん》本通《ほんどおり》商店街。通りのすぐそばに、地域住民の交流に取り組む「東灘こどもカフェ」がある。代表の中村保佑《ほゆう》さんは、ほぼ毎日、活動拠点に〝出勤〟する日々を送る。

広告代理店などに勤め、45歳から20年間、東京に単身赴任。地元に戻った際、自分の居場所がないように感じ、社会貢献の講座などに参加した。だが、同じ境遇の人と意気投合しても、その場限りの付き合いに終わってしまう。「子どもからお年寄りまで、誰でも立ち寄れる居場所が必要」と、5年前から活動を始めた。

午前5時に起床し、催しのチラシづくりや昼食サービスの準備に取りかかる。午後は囲碁や料理教室が開かれるそばで、学校帰りの子どもたちが集い、午後6時に鍵を閉めるまでにぎやかな声があふれる。

タイトルに引かれて手に取ったのが鹿子《かのこ》裕文《ひろふみ》著『へろへろ』だ。「自分も毎日家に

帰ると〝へろへろ〟」と苦笑する。福岡市にある「宅老所よりあい」の、立ち上げから23年間を追った1冊。集い場の運営という共通点から一気に読み進んだ。

目を引いたのは〈一人の困ったお年寄りから始まる。一人の困ったお年寄りから始める〉という理念だ。「自分も、居場所のない子どもやお年寄りのために始めた」。先行事例を参考にするわけではなく、自ら道を切り開く姿に親近感を覚えた。

続いて「子ども」に注目して読んだのが、塩《しお》田《た》武《たけ》士《し》著『罪の声』。1980年代、警察を手玉に取り、未解決に終わった*「グリコ・森永事件」をモチーフとしている。事件の脅迫テープに声を使われた子どもの存在を核に、物語が展開していく。

父が鑑識に携わる警察官だったため、昔から「グリ森」には関心があった。作中では、犯行に子どもを巻き込むに至った、家族の背景が細かく語られていく。「フィクションだけど、まるでノンフィクションのよう」。真に迫る描写の中で、居場所づくりの意義について考える機会ともなった。

単身、夫婦2人世帯が増加し、家族の形も多様化する中、地域交流で生まれた関係

＊グリコ・森永事件　1984〜85年、江崎グリコ社長誘拐、同社施設への放火、同社や森永製菓などの菓子に毒物を入れて店頭にこっそり置き、企業を脅迫するといったことが行なわれた事件。犯人グループが「かい人21面相」を名乗り、マスメディア各社に声明を送りつけた劇場型犯罪。2000年2月、事件は未解決のまま時効成立。

は「もう一つの家族」とも言える。東灘こどもカフェの会員は、現在500人を超え、2015年には淡路島に一戸建てのフリースペースを開設するなど、年を追うごとに活動の幅を広げている。

「煮つまらない、緩やかな関係が編み目のようにつながり、結果的に地域の力となっていく」。そんな未来を思い描いている。

（2016年12月22日／太中麻美）

『へろへろ』

鹿子裕文（1965年〜）著。2015年、ナナロク社刊。福岡市の介護施設「宅老所よりあい」が誕生したいきさつや、資金集めに奔走しながら特別養護老人ホームを建設した経緯を書き下ろした。著者は同施設の雑誌「ヨレヨレ」を手掛けるフリー編集者。

『罪の声』

塩田武士（1979年〜）著。2016年、講談社刊。未解決事件「グリコ・森永事件」に着想した、著者の最新作。自分の声を事件に利用された青年と、事件の取材に関わる新聞記者の視点で物語が展開する。第7回山田風太郎賞を受賞した。

通販会社経営

矢崎和彦さん(61)

『お家さん』から『鼠』へ

社会は人が動かしている

「しあわせをデザインする会社」とうたい、ユニークな事業を次々展開する通販会社フェリシモ(神戸市中央区)。八面六臂《はちめんろっぴ》の仕事をこなす社長の矢崎和彦さんは「なかなか読書の時間も取れません」とこぼすが、思いがけない1冊と引き合わせてくれるきっかけもまた仕事にあるようだ。

作家・玉岡かおるさんと知り合ったのは十数年前。勉強会の講師として招いたのが初対面だが、玉岡さんのほうでも作家デビュー以前から、同社の公募に応じてエッセーを書いていたという。そんな奇縁もあって、新刊が出れば送ってもらう付き合いが続く中、何冊目かに届いたのが『お家さん』だった。巨大商社「鈴木商店」の女主人・よねの生涯を描き、織田作之助賞を受けた玉岡さんの代表作である。

「神戸に実在した会社の話だから、よく知った地名や企業名が出てきて、息つく暇もなく読み通した。よねという人は『君臨すれども統治せず』といったふうで、決して経営の表舞台には出てこないんだけれど、そこに並ならぬ懐の深さを感じますね」

鈴木商店への興味が尽きぬまま、続けて読み進んだのが城山三郎の『鼠《ねずみ》』。こちらは大番頭・金子直吉《なおきち》を軸に、同社の盛衰を追った城山文学の傑作だ。米騒動の焼き打ち事件は「鈴木が米を買い占めたから起きた」とする定説に対し、念入りな取材で疑義をただしていく。

「玉岡作品では事実から物語をつむぎ出す創造力に、城山作品では真実を解き明かそうとする正義感に圧倒された。同じ時代、同じ会社を描きながら、まるで印象が違う」。しかしそんな2冊を読み継ぐうち、ある一つの思いを強くしたという。「経営も政治も家庭生活も、根幹にあるのは『人』。全ては人が動かしているのであり、その力は時に、一国のありようすら変えてしまう」。

1995年秋、阪神・淡路大震災の爪痕も生々しい神戸へ、あえて大阪から本社を移転した矢崎さん。「損得では説明できない。自分を超えた何かに突き動かされた。自分のためじゃないからできたし、人からも受け入れられたのでしょう。おそらく鈴木よねも金子直吉も、自分たちの損得で動いてはいない」。

最初に2冊を読んだ時には「こんな激動期に生きたかった」とうらやんだことも。しかし最近、改めて読み返してみて「今のほうがすごい時代だ」と感じているという。爆発的にグローバル化が進む中、ビジネス環境は確かに大きなうねりの中にある。「でもこのスマートフォンだって、机に置いてあるだけなら単なる『モノ』にすぎない。人が手に取り、誰かに話し掛けてこそコミュニケーションツールになる。大切なのは、今生きているわれわれが何を考え、どう動くか」

（2016年12月8日／平松正子）

『お家さん』

玉岡かおる（1956年〜）著。2007年、新潮社刊。女性の生き方を問い続ける作者の代表作で、第25回織田作之助賞を受賞。14年2月に竹下景子主演で舞台化、同年5月に天海祐希主演でテレビドラマ化された。

『鼠――鈴木商店焼打ち事件』

城山三郎（1927〜2007年）著。「文學界」1964年10月号〜66年3月号に連載後、文藝春秋から刊行。75年に文庫化された。2011年刊の新装版の解説で作家の澤地久枝は、城山文学の一冊を選ぶなら〈わたしはためらわずにこの『鼠――鈴木商店焼打ち事件』をあげたい〉としている。

鉄道運転士

福田隼人さん(32)

『ハンバーガーの本』から『アメリカ南部の家庭料理』へ

文化詰まったソウルフード

ＪＲ西日本姫路列車区の運転士にして2児の父。真っすぐに鉄路を見据える福田隼人さんには、もう一つの顔がある。兵庫県内を中心にハンバーガーを食べ歩き、ブログ「THE BLUES BURGER」を運営。昨年までの5年間は兵庫県ハンバーガー協会会長も務めた、知る人ぞ知るバーガー通なのだ。

「不健康なファストフードと思われがちだけれど、パンと肉、野菜がバランスよく取れるヘルシーフード。一つのハンバーガーにはフルコースが詰まっていると言ってもいい。ちょっとした軽食ではなく、立派な料理だと知ってほしいんですよ」と、語りだしたら止まらない。

福田さんを目覚めさせたのが、その名も『ハンバーガーの本』。アメリカ文化を紹介する雑誌「ライトニング」の別冊だった。もともとアメリカのファッションが好きで同誌を読んでおり、この別冊ムック本も1個のハンバーガーをドーンと載せた表紙

のデザインに引かれて「即買い」したという。

ポップな装丁ながら、中身は重厚だった。約120年前のアメリカにおける発祥から書き起こし、日本での発展、作り手の思い、ハンバーガーが出てくる映画などを紹介。「まさにアメリカ文化の中に根付いたソウルフードだと知らされた」。そして紹介されていた中の1軒「エスケール」(西宮市)を訪ねたところ、これが「衝撃的にうまかった」。この感動を広く伝えなければ——。

本書の刊行から半年後の2008年9月、ブログを開設した。「当時はまだ(兵庫)県内に専門店が少なく、情報も乏しい中、うまいバーガーを探し求めてひたすら歩き回った。多いときには1日に4、5食。これまでに700食は食べたかな」。やがて各地のハンバーガーイベントを手伝ったり、審査員を務めたりするようになり、西日本ハンバーガー協会*から兵庫県の会長を任された。ちなみに兵庫の協会員は、福田さん一人きりだ。

これだけハンバーガーを食べ続けると、自分でも作りたくなるというもの。親しくなった店主にお薦めのレシピ本を聞き、買い求めた1冊が『アメリカ南部の家庭料理』

＊西日本ハンバーガー協会　略称「ＮＨＫ」。放送、出版、アートなどの業界有志が2004年に設立。ホテルや百貨店などとのコラボバーガー制作や、ハンバーガー関連イベントを企画している。最高顧問は作曲家のキダ・タロー。

だった。米国人男性との結婚を機にフロリダ州へ移り住んだアンダーソン夏代さんが、現地の家庭料理の魅力をつづっている。

「日本では手に入りにくいソースやスパイスもあるが、手近なもので代用する方法も書いてあり、料理の幅が一気に広がった。ハンバーガーのおいしさを広めることから出発したけれど、食文化を豊かにするには、まず家庭料理から変えなくちゃ」

自身はあくまで「食べる側」という福田さん。作るのは趣味の範囲にとどめ、店を持つつもりはない。「でもいつか電車や駅で、ハンバーガーを生かしたイベントなどができたら」と夢は膨らむ。

（2016年7月7日／平松正子）

『ハンバーガーの本』

2008年「別冊ライトニング」49号として、枻《えい》出版社から刊行された。同誌は1994年、タレント・所ジョージの事務所から創刊。所の趣味世界を追求する媒体だったが、99年に同出版社に移行し、米カルチャー全般を紹介する総合誌に。2002年から別冊がスタートした。

『アメリカ南部の家庭料理』

アンダーソン夏代著。2011年、アノニマ・スタジオ刊。福岡県出身で大学では食物栄養学を学んだ著者が、結婚を機に渡米し、南部料理を研究して書き上げたレシピ本。料理の説明文も秀逸で、アメリカ料理への興味をかき立てる。

テレビディレクター

『ももこの話』から『春画入門』へ

合田俊介さん(24)

より面白い人になるために

独立局の強みを生かした自由度の高い番組作りで知られる「サンテレビ」(神戸市中央区)。入社2年目の若きディレクター合田《ごうだ》俊介さんにとって、読書とはより面白い人になるためのツールだ。

「親が転勤族でしたから、3~5年ごとに引っ越しながら育った。加古川市で生まれ、愛媛、岐阜、群馬、福島、神戸、滋賀……。転校生は暗かったらいじめられるでしょ。笑わせたら勝ちっていうのは全国共通ですからね」

読書と笑いがつながったのは小学2、3年の頃。群馬県前橋市の市立図書館で借りた、さくらももこのエッセー集『ももこの話』が入り口だった。もともと「ちびまる子ちゃん」を漫画やアニメで楽しんでいたが、活字の文章はそれ以上に明確なイメージで、少年の柔らかな脳を刺激した。

「例えば、アニメならまる子が『おいしいね』と言って終わりだけど、エッセーでは

レディボーデンのアイスを初めて食べた感動が、実体験ならではの切実さでつづられる。なるほど、こう書けば笑いになるのかと。もっと面白くなりてェー! と心底憧れました」

初期3部作『もものかんづめ』『さるのこしかけ』『たいのおかしら』など、さくら作品を読みあさりつつ、エッセーにさらなる笑いを求めて中島らも、リリー・フランキー、大槻ケンヂなどに手を伸ばした。一方、テレビやラジオのバラエティー番組にも興味が広がり、お笑いコンビ・爆笑問題の知的で毒のあるネタにハマっていった。

その後、志望がかなってテレビ局へ入ると、今春からは土曜深夜のトークバラエティー「カツヤマサヒコSHOW」でフロアディレクターを担当。コラムニスト・勝谷誠彦さんが多彩なゲストと本音で語り合う番組だ。「政治家や評論家、漫画家、AV男優まで、ジャンルの振り幅がすごい」ため、出演者の著書を読んで予習しておくことが欠かせない。

そんな中でとりわけ衝撃的だったのが、時代小説家・車浮代《くるまうきよ》さんの『春画入門』。

葛飾北斎や喜多川歌麿ら、一流絵師が手掛けた春画について、彫師や摺師《すりし》の技術面にも触れながら解説した入門書である。

「春画といえばエロい絵という認識しかなかったから、その辺をチャカせばいいと思っていたら大間違いだった。春画は高度な総合芸術だし、性に関する概念も江戸時代と今ではまるで違う。こちらに知識や素養がないと、面白いものは作れないのだと思い知らされました」

『ももこの話』で笑いに目覚めたかつての少年は、『春画入門』でさらに一皮むけたようだ。「千人のうち何人かだけが分かるような、サンテレビらしい笑いが作りたい。でもその何人かは絶対爆笑させますよ」

(2016年10月27日/平松正子)

『ももこの話』

さくらももこ(1965〜2018年)著。98年、集英社刊。国民的漫画「ちびまる子ちゃん」の作者が、食べきれなかった給食やお小遣いをつぎ込んだ紙芝居など「黄金の小学3年生時代」の思い出をつづった爆笑エッセー。

『春画入門』

車浮代(1964年〜)著。2015年、文藝春秋刊。著者は時代小説家であり、江戸料理研究家。13〜14年、大英博物館の展覧会で記録的な成功を収め、日本でも再評価の高まる春画について、90点余りのカラー図版を使って紹介した決定版入門書。

図書館職員、講談師

『少年動物誌』から『ほんまにオレはアホやろか』へ

川東丈純さん（52）

道草こそが、創造力を生む

〈えー、本日のお題は兵庫ゆかりの〝永遠の少年〟たちのお話でございます。よろしくお付き合いのほど……〉。

自作の大型絵本を繰《く》りながら名調子を披露するのは、兵庫県立図書館総務課長の川東《かわひがし》丈純《たけずみ》さん。「ビブリオ堂ちんげんさい」の異名を持ち、講談師としても活躍している。絵本は縦1メートル、開けば横幅は約1・5メートルにもなるとか。「今の子は何でもネットで済ましよるでしょ。バーチャルでは絶対分からない、本の重さやページをめくる動きを体で感じてほしいねん」。

かくいう本人は、外遊びの好きな少年だった。明石の東二見《ひがしふたみ》で生まれ育ち、川辺で虫や魚を追い回しては「パンツびしょぬれ」で帰る日々。そうしてしばしば熱を出し、布団の中で『ドリトル先生ものがたり』や『トム・ソーヤーの冒険』に読みふけった。*佐藤さとる作『だれも知らない小さな国』に住む夢は、今も捨てていないという。

＊佐藤さとる（1928〜2017）児童文学作家。神奈川県生まれ。こびとたちと人間の交流を描く「コロボックル」シリーズで知られる。1959（昭和34）年、同シリーズの第1作『だれも知らない小さな国』で毎日出版文化賞、日本児童文学者協会賞を受賞。

霊長類学者・河合雅雄さんの『少年動物誌』と出合ったのは2005年春。当時携わっていたネットミュージアム「兵庫文学館」で河合さんの展示をすることになったとき、著者から直接手渡された。古里の丹波篠山《ささやま》を舞台に、河合家の兄弟と生き物たちの交流を生き生きとつづった物語集だ。

「自分から読むんやったら、サル学の専門書か、有名な『ゲラダヒヒの紋章』あたりを選んだと思う。でも河合さんにもらったこの本を読んで、僕自身の少年時代の原風景とぴったり重なった。それからは何遍も繰り返し読んでる。僕のバイブルやね」

仕事で偶然出合った本に運命を感じて以来、川東さんが会得した本選びの極意は「自分で選ばないこと」。自然に任せておけば、本が本を呼ぶ——。すると翌年、向こうからふらりとやってきたのが、漫画家・水木しげるの自伝的エッセー『ほんまにオレはアホやろか』。これも同ミュージアムの展示のため、水木ファンの知人から薦められた1冊だった。

「読んでびっくり。この2人には実に共通点が多いねん。同時期に篠山で過ごし、人間以外の生き物や妖怪と親密で、子どものころは寝てばっかし、ちゃんと学校にも行ってない。学者やのに童話を書きたがる河合さんと、漫画家ながら妖怪研究の第一人者になった水木さん。もしかしたら2人の人生は入れ替わってたかもしれへん」

自身の中にも〝永遠の少年〟の存在を感じ読けてきた川東さん。長らくそれを恥じていたが、2冊を読んで他人と違っていることを恐れなくなった。それからというもの、本や絵や語りを通して目の前の風景を変える「ちんげんさい活動」に、ますます精を出す。

「目に見えない力を信じ、一見無駄なことにエネルギーを注ぐ。その道草こそが、新しい物を生み出す創造力になるんやから。子どもたちよ、もっと野性を取り戻し、しっかり感性を磨いてや！」

（2016年3月17日／平松正子）

『少年動物誌』

河合雅雄（1924年〜）著。76年、福音館日曜日文庫として刊行。2002年福音館文庫。収録の10編には、モルモットやクマネズミ、タヒバリたちと親しんだ幼い日々が生き生きと描かれている。

『ほんまにオレはアホやろか』

水木しげる（1922〜2015年）著。1978年、ポプラ社刊。現在は新潮文庫などで読める。水木には漫画も含め自伝的作品が多いが、比較的初期の本書には、生い立ちや戦争体験、下積み時代の苦労が生々しい。

日本舞踊家

若柳吉金吾さん(70)

『華の碑文』から『狂王伝説 ルートヴィヒ二世』へ

人は縁あり出会うもの

古典「藤娘」を踊れば女性も見とれるほどいじらしく愛らしく、ラベル作曲「ボレロ」で踊る創作舞踊ではバレエダンサーと共演し、新風を吹き込む。

伝統と創意を織り込んだ舞台で魅了してきた日本舞踊家、若柳吉金吾《きちきんご》さん(神戸市中央区)が「教科書」とする1冊が、杉本苑子《そのこ》さんの名著『華《はな》の碑文《ひぶん》』だ。室町時代、華やかな芸能文化を育んだ3代将軍足利義満の庇護《ひご》を受け、能楽を大成した世阿弥《ぜあみ》の波乱の生涯を、その弟の目線から描いている。

吉金吾さんは20代のころ、義父である故・初代若柳吉金吾の弟子から本書を薦められた。世阿弥といえば『風姿花伝』が有名だが「抽象的で分かりにくいから」と。読むと臨場感あふれる筆致は圧倒的で、能楽のみならず芸を志す者全ての道しるべとなる言葉がちりばめられていた。

中でも〈三十四、五から四十四、五までの十年間を、私は一人のシテの花の盛りと思っ

ています〉という父・観阿弥の言葉に奮起し、40歳を迎えた1987年からは10年間、毎年リサイタルを開いたほど。「現代で言えば40歳から50歳までが花の盛りなんじゃないかと挑戦した」と振り返る。

　そして能楽の発展を語る上で外せないのが、義満と世阿弥の関係だ。本書では18歳ごろの義満が舞台に立つ12歳の美少年、世阿弥を見初め、男色の相手「稚児《ちご》」として寵愛《ちょうあい》したことがつづられる。

「芸能には昔も今も支援者であるパトロンの存在は大切。世阿弥は能楽のために義満を受け入れた。本にもあるように体を売る恥を知ったからこそ芸で高みを求めた。権力者の代替わりによる逆境も、芸そのものに問題がなければどうってことはない。その精神がすてき」

　西洋はどうだったか。次に読んだ関楠生《くすお》著『狂王伝説 ルートヴィヒ二世』には、19世紀ドイツの作曲家リヒャルト・ワーグナーと、音楽と建築に膨大な浪費を続けたバイエルン王ルートヴィヒ二世との関係がつづられる。20歳ほどの若き王が50歳の初老の作曲家に心酔する様子は描かれるが、それ以上のことは触れられていない。

「稚児が認められていた仏教と同性愛が禁じられていたキリスト教の違いだろうか。いずれにせよ芸能者とパトロンは肉体関係の有無に関係なく周囲に〝らしく〟振る舞う。パトロンのために着飾ったり恋人のように振る舞ったり、尽くす精神で成り立っているのでは。私も人に助けてもらい感じたことは、人は縁あり出会うもの。心から接し続けないと自分が目指すこともできなかった」

さて、杉本さんとは講演先で念願の初対面を果たし、交流が続いた。10年目のリサイタル後の手紙には「世阿弥のいう『闌位《らんい》』（修業を重ねて至高の位に至り、さらにそこをさえ超えた融通自在な芸境）を目指してください」などと記されていた。

現在、肺がんと闘いながら踊る吉金吾さん。「元気な体があることは幸せ。生活、稽古、生け花。季節を感じながら、日々を大切に励みたいですね」（2017年8月3日／松本寿美子）

『華の碑文』

1964年、講談社刊。著者の杉本苑子は骨太な歴史小説で知られ、吉川英治に師事。63年に『孤愁《こしゅう》の岸』で直木賞。78年に『滝沢馬琴《ばきん》』で吉川英治文学賞。2002年に文化勲章。17年5月に91歳で死去した。

『狂王伝説 ルートヴィヒ二世』

1987年、河出書房新社刊。著者の関楠生は24年生まれ。東京大学独文科卒。東大教養学部教授を務めた。

能楽プロデューサー

千葉定子さん（70）

『父の石楠花』から『驟り雨』へ

女性の生き方 時代超え共感

北海道・釧路を舞台に妻子ある男性との不倫にはまっていく女性を描いた原田康子の小説『挽歌《ばんか》』。能楽プロデューサーの千葉定子《さだこ》さん（神戸市灘区）がこの作品に出合ったのは、デザイン教室に通っていた22歳のとき。イラストの中でフランスの女優カトリーヌ・スパーク*をイメージした切れ長の瞳の女性がコートの襟に顔をうずめ、鋭い視線で正面を見据える。千葉さんは背景に並木を描いた。小説をモチーフにしたわけではないのに、何となく浮かんだ言葉が「挽歌」だった。

「戦後のベストセラー小説なので、無意識にタイトルが耳に残っていたのかもしれない。後で同名の小説があると知って読み始めると、主人公の怜子の超個性的な生き方に引き込まれていった」と話す。

怜子は20代。早くに母親を亡くしたからか、不倫相手の妻の美しさに強い興味を抱き、思慕を募らせていく。周囲を翻弄《ほんろう》しながら愛する男の妻をも愛し、追い詰めてい

＊カトリーヌ・スパーク（1945年～）1960年代に活躍した女優。62年公開のイタリア製アイドル映画「太陽の下の18歳」で、日本でも人気となる。

く葛藤と残酷さが繊細に描写され、読み手を放さない。小説は原田が暮らした釧路の同人雑誌で連載していたところ話題を呼び、1956年に刊行された。映画やドラマにもなった。

千葉さんも一気にファンに。「原田作品全てを読みたい」と古書店を巡り、今も書棚には吉川英治文学賞を受けた『海霧《うみぎり》』をはじめ約30冊が並ぶ。

そのうちの1冊『父の石楠花《しゃくなげ》』はエッセー集。千葉さんはその中で、原田が藤沢周平の短編集『驟《はし》り雨』に触れていることに驚いた。どんくささから夫に捨てられた女、夫に死なれて夜鷹《よたか》に身を落とした女、賭博《とばく》で借金を抱えた弟のために離縁された女……。裏長屋に暮らす女たちは、皆、概して不幸だ。

「奔放に生きる現代女性を描いた『挽歌』の原田さんと、時代小説の藤沢さんの作品がどうしても結びつかなくて意外だった。江戸時代の女性は自由がないでしょう。藤沢作品は映画『たそがれ清兵衛』などで知っていたけれど読んだことはなく、興味が湧いた」

そうして手に取ったのが、やはり『驟り雨』。中でも原田が最も行数を割いた「贈り物」が秀逸だ。女と逃げた夫の借金を背負わされた女のため、元盗人の老齢の男が最期に再び盗みを働き、息絶える。最後に女が自らのしたたかさを告白する語りに胸を突かれる。

「同じ時代小説でも山本周五郎さんなんかは女性も自由がないながら苦労の中に喜びがあり、ほのぼのしている。それに対して藤沢さんの作品は正直きつい。胸に残る痛さが原田さんの作品にも通じるかもしれない」

そんな千葉さんは能楽イベントの企画や広報がお仕事。能が描く女性たちもまた恋に身を焦がしたり、嫉妬に狂ったり……。「だから原田作品にひかれるのかな。どれだけ社会は変化しても、いつの時代も女性は、人間はそう変わらないのかも」と感じている。

（2017年5月25日／松本寿美子）

『驟り雨』

1980年、青樹社刊。著者の藤沢周平（27〜97年）は山形県生まれ。73年に『暗殺の年輪』で直木賞。本著には短編10作が編まれている。85年刊の新潮文庫版には原田康子が巻末の解説を寄せた。

『父の石楠花』

2000年、新潮社刊。エッセー集。著者の原田康子（1928〜2009年）は北海道に育ち、地元紙記者に。釧路市の同人誌「北海文学」で連載した長編小説「挽歌」で女流文学者賞。03年に『海霧』で吉川英治文学賞。

バー経営

林 佐江子さん

『家族という病』から『神さまが持たせてくれた弁当箱』へ

独りが気楽と思ってきたけど

昨年ベストセラーとなった『家族という病』。タイトルにひかれて手に取った人も多いだろうが、神戸・三宮でバー「穂《すい》」を営む林佐江子さんは同級生に薦められて購入した。

阪神間に暮らす兄弟や妹との関係について悩んでいたころ。「仲はいいんですけど、家族ゆえに遠慮なく言い合うし、密になり過ぎて。特に私は家族への思いが泉のようにわき上がってトゥー・マッチ（too much）なのね。きょうだいにはそれぞれのやり方があるのに。距離感って難しい」。

著者は全編を通して親きょうだいとの長年にわたる確執や夫婦関係についてつづり、美化されがちな家族について問いかけていく。それほど深刻ではないにせよ、誰にでも思い当たる気持ちのずれや葛藤が共感を呼ぶ。

「読み終わった後は自分だけじゃないんだって気が楽になったし、客観的に自分を考

えるきっかけになり、反省もした。著者自身も気持ちを整理しながら、罪滅ぼしのつもりで書いていたのかな」

次に書店でタイトルに引かれて手に取ったのが『神様が持たせてくれた弁当箱』。「家族の問題を考えるうち、社会で起きるいろんな家庭の事件のことが浮かんで……。なんで、こんな世の中になっちゃったのかなって」。神道をベースにした日本人の心のあり方が、さまざまな格言によって説かれていく。

中でも印象に残った言葉の一つが「努力は気づかれないところでするもの」。「私も店に来てくれたお客さんたちを自然に楽しませ、店の扉を出られたときに『あれ、なんか居心地が良かったな』って思ってもらいたい」。

20代で結婚し、離婚。それからずっと独身で通してきた。現在のバーは2008年秋にオープンした。リーマン・ショックと同時期のスタートで経営は決して楽ではないが、それでも人との出会いは楽しい。それこそカウンターで家族の悩みを打ち明けられることもあれば、世間の話題で盛り上がることもある。だから、普段から読書や映画鑑賞などで広くアンテナを張っている。30代後半から始めた囲碁は2段の腕前だ。「へたくそなんですけど、商売をしているとどうしても注文や経営のことを考えちゃう。囲碁をしているときだけは無心になれるから」。さりげないおもてなしの達人は謙遜しつつ「もうお客さんは疑似家族みたいなものですね」と笑う。

しかし、最近少し気持ちが変化してきた。「もう長いこと独りが気楽と思ってきたけれど、もう一度誰かと暮らしてみるのもいいかなと。他人と暮らせば我慢も必要になるけれど、やっぱり共に生きる人がいたほうがいいですから。年のせいか、やっとそういう気持ちになりました」

（2016年3月3日／松本寿美子）

『家族という病』

下重《しもじゅう》暁子著。2015年3月、幻冬舎刊。著者は元NHKアナウンサー。民放キャスターを経て文筆活動に入り、著書に『持たない暮らし』『老いの戒め』『老いの覚悟』など。

『神様が持たせてくれた弁当箱』

岡本彰夫著。2015年7月、幻冬舎刊。著者は1954年、奈良県生まれ。春日大社権《ごん》宮司《ぐうじ》を15年間務め、現在は帝塚山大学特別客員教授。著書に『大和古物《やまとこぶつ》散策』など。

俳人

津川絵理子さん（47）

『神戸』から『明石』へ

古里への思い重ねる

取材を申し込むとたちまち、5通りの「1冊目↓次の本」の組み合わせを挙げてくれた。それも国内外の文学や音楽、旅、園芸の本まで多岐にわたる。数々の賞を受けて注目される俳壇の気鋭、津川絵理子さんは、読書家としても相当なつわもののようだ。

早くに母を亡くし、明石の祖父母宅で育った。俳句への目を開いてくれたのは祖母。中学時代から祖母の気に入った句を耳から注ぎ込まれ、自然に覚えていったという。中でも強く印象に残ったのが西東三鬼《さいとうさんき》だった。〈暗く暑く大群衆と花火待つ〉〈秋の暮大魚の骨を海が引く〉……。「その場の熱気や色彩やにおいがはっきりと浮かぶ。三鬼の句は映像でつかめるんです」と魅力を語る。

三鬼の神戸時代をつづった自伝的作品『神戸』を読んだのは、自らも俳句結社「南風《なんぷう》」で本格的に句作を始めていた20代の終わりごろ。作中では第2次大戦下の神戸・

トアロードにあった「国際ホテル」を舞台に、雑多な人種の住人たちとの交流が描かれる。

「明石育ちの私にとって神戸は憧れの地。子どものころに連れて行ってもらった元町辺りには、戦後の猥雑《わいざつ》な空気がまだ少し残っていた。神戸を離れてから書かれた『神戸』には、やや美化された三鬼の追憶も込められていて、それが私自身の幼い日の憧れと重なるのでしょう」

　その後結婚し、神戸に移り住むと、今度は明石を思うようになった。そんな望郷の念を満たしてくれたのが、稲垣足《たる》穂《ほ》の『明石』。お城の櫓《やぐら》、波止崎の高灯籠、赤い腹の汽船、人丸山のどんぐり……。どのページを開いても、懐かしい風景が目の前に広がった。

「同じ明石で育った足穂の語り口には、古里ゆえに愛憎半ばするところがある。ここの人間には影がないとか、芸術家は一人も出ていないとか。地元の者にとっては痛いところを突いていて、そのぶん深く共感させられるんですよ」

　実生活とは逆に、書物では『神戸』から『明石』へとたどり着いた津川さん。三鬼と足穂という二人の鬼才に導かれてきた読書という旅を経て、俳人としてもまた新たな高みを目指そうとしている。
「明石に住んでいたときには鬱屈《うっくつ》した気持ちもあったけれど、その風土に培われてきたのは確か。明石で生まれ育ったことが、今では財産だと思う。浜言葉が飛び交い、潮の香に満たされた町のエネルギーが、私の俳句の糧になっている。それが今後、どんな形で表れてくるのか、楽しみです」

（２０１５年11月26日／平松正子）

『神戸』

西東三鬼（１９００～62年）著。54～56年、俳誌「俳句」に連載。59年には「続・神戸」を「天狼」に連載した。講談社文芸文庫『神戸・続神戸・俳愚伝』（２０００年）などで読める。

『明石』

稲垣足穂（１９００～77年）著。小山《おやま》書店『新風土記叢書《ふどきそうしょ》』の第６巻として48年に出版。63年に明石の木村書店から再版された。91年の『タルホ大阪・明石年代記』（人間と歴史社）にも入っている。

「話し方」指導者

『海からの贈りもの』から『たいせつなこと』へ

川邊暁美さん(52)

あるがままの自分でいい

「丹田を膨らませて、息を口から吐き出して……」。柔らかな声に合わせて、受講生が呼吸を整える。宮沢賢治の文章を朗読したり、自分を紹介するポエムでプレゼンテーションの練習をしたり、さまざまな角度から「話し方」をレッスンする。

NHKアナウンサーとして勤め、県政を分かりやすく伝える兵庫県の初代広報専門員に。現在は主に企業や経営者を対象とした話し方指導を続ける、川邊暁美《かわべあけみ》さん。はた目に華々しく映るキャリアだが、幼い頃はハスキーな声がコンプレックスだった。授業中に発言しても、教師から「はっきりしゃべって」と叱られ、自信を失うことの繰り返しだった。

転機は高校時代。音楽の先生に「個性的な声」とほめられた。実はコーラス部への勧誘で、入部してトレーニングを重ね、堂々と声を出せるように。周囲が自分の話に耳を傾けるようになり「人生が変わった」と振り返る。

本との出合いもまた、人生の転機をもたらした。広報専門員の任期後は、県立男女共同参画センターに勤めていた。畑違いの仕事に、知識を得ようとセンターの蔵書を開く中で見つけたのが、アン・モロウ・リンドバーグ著『海からの贈りもの』だった。

大西洋単独無着陸飛行を成し遂げたチャールズ・リンドバーグの妻である著者が、離島に滞在して女性の幸せについて思いを巡らせる。〈わたしたちは（中略）自分が丸ごと受け入れられ、一個の個人として扱われることを切望している〉

新たな職場で、自分のあり方を模索していた時期だったが「どんな仕事をしていても、私が私であることに違いはない」と吹っ切れた。話し方の講座を企画し、自身で壇上に立った。「人前で声が震える」「話がまとまらない」。受講者の悩みが、かつての自分と重なった。

「特に女性は、周囲に合わせる物わかりの良さが求められ、自ら表現しづらい風潮がある」。話し方の技術があれば、自由に思いを表現できるのではないか――。「一生をかけて教えていければ」と思い至るきっかけとなった。

同様のテーマで結びつくのが、マーガレット・ワイズ・ブラウン作の絵本『たいせつなこと』。空やリンゴ、草にスプーンなど、日常の物や自然が登場する。それぞれの性質と、あるがままの大切さが語られ、最後に〈あなたはあなた〉だと呼び掛ける。旅先で偶然出合った1冊だ。読み聞かせの会で朗読すると、涙を流す母親もいた。

呼吸法や発声、事前の準備など、スピーチの技術は数々ある。だが、根底にあるのは自分らしさだ。受講生にも「あなたの声と言葉で、相手の心をノックして」と伝える。

これからも、「声で握手」をモットーに、発信を続けていく。（２０１７年６月１日／太中麻美）

『海からの贈りもの』

アン・モロウ・リンドバーグ（１９０６〜２００１年）著、落合恵子（１９４５年〜）訳。94年、立風《りっぷう》書房刊。著者自身もグライダーなどを操り、女性飛行家の草分けとして活躍。文筆家として、夫と共に挑んだ調査飛行の記録『翼よ、北に』などを著した。

『たいせつなこと』

マーガレット・ワイズ・ブラウン（１９１０〜52年）著、内田也哉子《ややこ》（76年〜）訳。２００１年、フレーベル館刊。著者は児童書の編集に携わる一方、20代後半から創作を始め、42年の短い生涯に１００冊超の作品を発表した。訳者は女優・樹木希林の長女。

バレエ教室主宰

井上直子さん（38）

『利休道歌に学ぶ』から『インナーパワー』へ

信じる道照らしてくれた

生徒たちに伝えようとしていることがうまく伝わらない。何が間違っているんだろうか。神戸・三宮でバレエ教室「バレエスタジオエコ」を主宰する井上直子さんはオープンした当初から自問自答の日々だった。そんなときに茶道の先生に薦められたのが、阿部宗正《そうせい》著『利休道歌に学ぶ』だった。

千利休《せんのりきゅう》の教えが百首の歌にして書かれている。〈ならひつつ見てこそ習へ習はずによしあしいふは愚かなりけり〉〈はぢをすて人に物とひ習ふべし　是ぞ上手の基《もとゐ》なりける〉〈こころざし深き人にはいくたびも　あはれみ深く奥ぞ教ふる〉……。習う側、教える側の心構えは茶道だけでなく、バレエにも通じた。

生徒といっても当時は年上の人ばかり。そのせいもあってか、指導を素直に受け入れてもらえないと感じることもしばしばだった。「でもやっぱり自分が信じる通りに続けよう」。利休の教えは、心の奥深くで支えになってくれた。

バレエも茶道も遅いスタートだった。いずれも短大に通っていた20歳のころ、運動不足の解消と着物への興味で習い始めた。3年後の2001年にはバレエを学ぶため、損保会社を辞めて米・ニューヨークに短期留学。さらにその3年後には長期で1年余り滞在した。

「新たな発見ばかりでした。できない動きがあるのは、体のどこかの使い方が悪いから。日本のように、バレエを習う人のやる気や気合不足に問題がある、と考えるのではなく、とても合理的な指導だった」

「自分も日本でこんなふうに教えたい」と、帰国後間もなく念願の専用スタジオを借りて教え始めた。「バレエを始めてわずかな年数で、いま思えば自分でもよくやったなと。思いの強さだけでしたね」と振り返る。

日々の迷いが少し晴れて読んだのが、筋トレに熱心な友人の夫に薦められた湯本優《ゆう》著『インナーパワー』。姿勢を正すこと、そのためにインナーマッスルを鍛えることの重要性を説く。それが心身を健やかにし、人生をも好転させるという。

インナーマッスルの重要性は、実は井上さんも留学中に痛感したこと。ニューヨークでは体づくりのためにヨガやピラティスなどにも取り組み、帰国後に教え始める大きな動機にもなった。同著はまさに多くの生徒の身体を見て感じていたことを再認識し、共感しながら読んだ。

今年で教室を立ち上げて10年、今では子どもから大人まで約70人を教える。1月の発表会のプログラムには利休の歌〈稽古とは一より習ひ十を知り　十よりかへるもとのその一〉を引用し、「この思いが生徒たちに浸透するためには必要だった歳月」とつづった。

「ようやく土を肥やしたところかな。今が本当にバレエを教えるスタート地点ですね」

（2016年7月21日／松本寿美子）

『利休道歌に学ぶ』

2000年、淡交社刊。著者の阿部宗正は1931年、仙台市生まれ。53年に裏千家今日庵《こんにちあん》に入庵。社団法人茶道裏千家淡交会理事などを務め、講習会などを通じ、全国社中を指導。

『インナーパワー――体の奥に眠る力が生き方を変える』

2010年、サンマーク出版。著者の湯本優は順天堂大学医学部卒。医師免許を持ちながらマウンテンバイク、エクステラ*のアスリートとしても活躍。スポーツを通じた健康的なライフスタイルを提案、普及している。

＊エクステラ　ハワイ発祥のオフロード版トライアスロン。ランとバイクは未舗装路を使用。

ピアノ調律師

番匠 守さん

『ピアノの巨匠たちとともに』から『スタインウェイができるまで』へ

コンサートは一期一会

世界の名ピアニストたちに愛される「スタインウェイ」。米国・ニューヨークに本社があるスタインウェイ&サンズ社製のピアノだ。調律師の番匠守《ばんしょうまもる》さん（尼崎市）は同社の日本法人スタインウェイ・ジャパンの委託技術者として名器を扱う。

コンサート前、ピアニストがホール入りする約2時間前からステージでひとり、88の鍵盤の一音一音に耳を澄ます。「音を合わせることはもちろん、音色やタッチをつくることも仕事です。1台ごとに〝性格〟が違うから面白いですね」。

学生時代はクラリネットを吹いたが、小学生のころに憧れたピアノの世界へ。スタインウェイに関わるようになって約30年。十数年前に同社ドイツ・ハンブルク工場に研修で滞在したころ、スタインウェイの名調律師フランツ・モアによる著書『ピアノの巨匠たちとともに』を読んだ。

モアは長年、20世紀を代表するピアニスト、ウラジーミル・ホロビッツの専任調律

師だった。著書ではホロビッツが癇癪《かんしゃく》持ちで練習を嫌い、軽いタッチの鍵盤を好んだことなどが明かされる。アルトゥール・ルービンシュタイン*やグレン・グールド*らの素顔もつづられ、興味深い。

しかし、番匠さんが最も衝撃を受けたのがモアの仕事ぶり。ベルリンでの公演直前、ホロビッツの愛用ピアノの低音部の弦が切れてしまう。新しい弦では音程が安定しない。モアはとっさにホール所蔵の別のピアノから弦を取って付け替え、危機を乗り切る。「機転と高い作業技術に感心した。今なら自分にもできるだろうが、当時は驚いた」と話す。

ますます名器の魅力にのめり込み、詳しい仕組みを知りたくなって次に読んだのが、ジェイムズ・バロン著『スタインウェイができるまで―あるピアノの伝記』。ある1台のコンサート用グランドピアノが、同社ニューヨーク工場で製造される1年を追った1冊。徹底的に木材にこだわり、１２０もの工程に工員４００人が関わり、手作業でつくっていく。だから唯一無二という。

ステージではピアノの個性に弾き手の個性が加わる。今も心に残るのは約20年前、

＊ルービンシュタイン（1887〜1982）20世紀を代表するピアニスト。ポーランド出身。46年、米国市民権を得る。74年、ルービンシュタイン国際ピアノ・コンクールを創設。
＊グールド（1932〜82）カナダのピアニスト。55年、バッハの「ゴールトベルク変奏曲」で注目を集める。64年からはコンサートを行わず録音に専念。

名ピアニストのアレクサンドル・ギンジン*の公演。リハーサル後、ピアノに触れてみると何とも美しい音色になっていた。「弾きぐせというか、微妙な音のニュアンス。狂った音を調律し、私の音になってしまうのがもったいないぐらいだった」。しかし終演後、再び弾いてみるとギンジンの音色に戻っていた。

「本当は調律師がそれだけの音色を最初につくれればいいんですが、名ピアニストは打鍵の深さ約1センチの間で調整しながら自分の音色をつくっていく。ピアノも年月で音が変わる。だから演奏会は一期一会なんですよね」

（2016年3月24日／松本寿美子）

『ピアノの巨匠たちとともに——あるピアノ調律師の回想』

フランツ・モア著。イーディス・シェイファー構成。中村菊子訳。1994年、音楽之友社刊。グレン・グールドのエピソードは、2002年刊の増補版に収録されている。

『スタインウェイができるまで——あるピアノの伝記』

ジェイムズ・バロン著。忠平美幸訳。2009年、青土社刊。バロンは「ニューヨーク・タイムズ」の記者にして自身も優れたアマチュア・ピアニスト。

＊ギンジン（1977年〜）モスクワ生まれ。94年、17歳でチャイコフスキー・ピアノ・コンクール最年少入賞。2002年、米国デビュー。07年、クリーヴランド国際ピアノ・コンクール第1位。

美術家

金子祥代さん

『松林図屏風』から『花鳥の夢』へ

芸術への限りない愛と畏敬

書家として出発し、ジャンルを超えて創作を続ける金子祥代《さちよ》さん。現在は神戸の自宅やスペインのアトリエを行き来しつつ、個展を開きパフォーマンスを展開している。全身を使って揮毫《きごう》する姿が海外ではダンス芸術として評価されたり、書と短編小説を融合させた作品集を出版したり。多才にして多忙な人だ。

挙げてくれた本は「同じ感動を共有するべく、夫のために組んだ読書カリキュラム」の中の2冊。芸術の根幹を問う5冊からなり、「読む順番が大事！」というから、残る3冊にも触れつつ紹介しよう。

1冊目は、安部龍太郎著『等伯《とうはく》』。安土桃山期の絵師・長谷川等伯の生涯をつづった直木賞受賞作だが、「私にとっては愚作」と金子さん。気合と根性で描き上げたかのような等伯像に「芸術は、こんな〝筋肉マッチョ〟な発想でできる甘いモンじゃないわよ」と切り捨てる。

等伯にもっと深く迫った小説はないか。そこで2冊目、萩耿介《こうすけ》著『松林図屏風』へ。こちらは「同じ題材を扱ってもこれほど違うものか、と思わせる名品」だとか。等伯の代表作「松林図屏風」が生み出される過程が、ひたむきなものづくりのドラマとして丁寧に書かれている。

「私自身、書の線を一つ変えるにも、5年や10年はかかる。地味で孤独な鍛錬を重ね、やっと納得のいく表現を手に入れるんですよ。作中の等伯が目指した『この世あらざる絵』とは何か。創作者としての悩みや志にも大いに共感できた」

3冊目、山本兼一著『花鳥の夢』は、前2作で等伯の敵役だった狩野永徳《かのうえいとく》が主人公。書店で偶然見つけ、「これも巡り合わせかな」と自然に手が伸びた。当代一の絵師集団狩野家に生まれ、傑作「洛中洛外図」で時代を席巻しながら、等伯の才能におびえる永徳の姿を、悩み深き実直な芸術家として描いた長編だ。

「何の後ろ盾もない等伯が判官《ほうがん》びいき的な人気を持つのに対し、永徳は悪役にされがち。でも、彼の絵の素晴らしさは否定できない。作品は作者そのものだから、永徳自身にも十分魅力があったはず。生まれながら家の重圧を背負い自由を奪われた苦悩は、創作者として察して余りある」

4冊目『火天の城』は同じ山本兼一の作で、安土城を造った宮大工の話。「巨大な石を一つ運ぶのに、幾人も命を落とす。『創《つく》る』という行為のすさまじさに圧倒された」。そして5冊目、原田マハ著『楽園のカンヴァス』は一転、小さな画室で描き続けたフランス人画家アンリ・ルソーの物語だ。「永徳や等伯は職業画家だが、ルソーの絵はいわば趣味。その純粋な情熱は創作者としての理想です」。

縦横自在に活躍する金子さんだが、その根底には芸術への限りない愛と畏敬が秘められているようだ。

（2018年4月12日／平松正子）

『松林図屏風』

萩耿介（1962年〜）著。2008年、日本経済新聞出版社刊。絵師・長谷川等伯とその一派の盛衰を重厚な筆致で描いた歴史長編で、第2回日経小説大賞を受賞。日経ビジネス人文庫版もある。

『花鳥の夢』

山本兼一（1956〜2014年）著。13年、文藝春秋刊。職人の世界を多く描いた時代小説の名手が闘病中に書き継ぎ、死の前年に出版。働き盛りで亡くなった主人公・狩野永徳と作者の姿が重なる。文春文庫版も。

美術収集家、元産婦人科医
三浦 徹さん(79)

『心偈』から『元気なうちの辞世の句300選』へ

人生哲学に重なる言葉

ある年の大みそかのことだ。神戸・元町の画廊に飾られていた色紙に、いたく心を揺さぶられた。〈今ヨリ　ナキニ〉と記された書。わずか6文字に、真理のきらめきが宿っていた。「グサっときた」。聞けば、民藝運動の創始者として知られる思想家柳宗悦《やなぎむねよし》が自句をしたためたものとか。「一も二もなく買い求めた」。

美術収集家で、自らのコレクションを自宅で公開している「神戸わたくし美術館」館長の三浦徹さん（神戸市長田区）は、十数年前の出合いを振り返り、「私にとって、アートとはドキッとする心、すなわち感動」と笑う。

間もなく、〈今ヨリ　ナキニ〉が柳の著書にある句だと知る。あちこちの古書店を巡って、ようやく『心偈《こころうた》』と題された1冊を入手した。柳が短歌や俳句より短い詩句を自由に創作し、自らの美学や心境、仏教や茶道への思いを伝えようとした本で、約70句を掲載。〈今日空　晴レヌ〉〈見テ　知リソ　知リテ　ナ見ソ〉〈冬ナクバ　春ナキニ〉

など、ほとんどが6、7字か、10字前後の短い句ばかり。〈詩には長さの制約はないのだが（略）短くて含みがある方が、何か東洋的な心を伝へるのによい〉と柳はつづる。

「陶芸が好きで、柳の朝鮮陶磁や丹波焼についての本は読んでいたが、これは知らなかった」と三浦さん。柳の句を、版画の巨匠、棟方《むなかた》志《し》功《こう》が板に刻んでおり、視覚的な喜びもあった。

〈歩キナン大道《おおみち》ヲ〉など、心惹かれた句はほかにもあったが、〈今ヨリ　ナキニ〉こそ、自らの人生哲学に重なる言葉だった。「そういう生き方をしてきた」。昨年まで、長く産婦人科医として働き続けたが、この句を、後進の若いドクターたちへ好んで贈った。県産科婦人科学会の会長に就任した時のあいさつにも引用した。「今を、今日一日を懸命に生きる。その積み重ねが人生だと思う」。

医師として、子宮・卵巣がんの治療に関わり数多くの手術を担当。早くから患者への告知をポリシーとしていた。がん患者やその家族の集う会を組織し、交流する中で、生と死について考え続けた。死を前に、人が何を思うのか知ろうと本も探した。10年ほど前、神戸・元町の書店の棚で見つけたのが『元気なうちの辞世の句３００選』だ。

公募でさまざまな人々の辞世の句を集め編んだ本で、最優秀の句は〈風花《かざはな》はまぶたを閉じるまでの花〉。けれど、それ以上に響いたのは、がん告知を受けた広島の男性の鮮烈な句だった。

〈告知あり　介錯《かいしゃく》無用　寒椿《かんつばき》〉。告知後、疼痛《とうつう》緩和剤以外の薬の服用を拒否した、との作者の言葉が添えてあった。武士道にも通じるような、凄絶《せいぜつ》ともいえる強さ、覚悟に「すごい」とただうなった。80歳を前に、自らの死期を考えることも少なくない。「ここまで潔い心境になれるかどうか。自信はない。だが、そこに至るまで〈今ヨリ　ナキニ〉の精神で日々生きていきたい」

（2016年4月21日／堀井正純）

『心偈』

柳宗悦（1889～1961年）が1959年、私版本として発行。「心偈」と名付けた自作の短句約70句を載せ、自註を添えて出版した。「仏偈」「茶偈」「道偈」「法偈」の4章構成。73年に春秋社が再版。岩波文庫の『南無阿弥陀仏』にも収録されている。

『元気なうちの辞世の句300選』

2004年、中経出版刊。金子兜太《とうた》が監修、坪内稔典《ねんてん》が選者、荒木清が編者を務めた。公募による3623句から300句を選び、うち特選句1句、優秀賞20句を決めた。葛飾北斎、松尾芭蕉ら先人の辞世の句も紹介している。

ピンク映画情報誌編集発行人

太田耕耘キさん(48)

『桃尻娘』から『パンとペン』へ

女性の強さに心打たれた

「ぴんくりんく資料室」なる表札を掲げた文化住宅*の一室。「痴漢と覗《のぞ》き」「喪服妻の生肌」「淡路島性のうず潮」など、おびただしい数の成人映画のポスターで埋め尽くされている。

映画情報誌「ぴんくりんく」の編集発行人・太田耕耘《こううん》キさん(尼崎市)は「別に集めた訳じゃない。ピンク映画館が閉められると聞くと、捨てられるのがかわいそうで、引き取ってくるんですよ」と〝彼女〟たちへの愛情をにじませる。

創刊は1999年4月。同年2月に成人映画の聖地だった東京・亀有名画座が閉館となったことを憂い、大手損保会社を退職して同誌の発行に乗り出した。関西圏の上映スケジュールを中心に、新作や名作の作品紹介など、ピンク映画にまつわる情報を満載。毎月約2千部を無料配布している。

「もともと自分が見に行くために情報を集めたもの。完全自費出版でほとんど広告も

＊文化住宅　主に関西地方で昭和の高度成長期に建てられた集合住宅。多くが木造モルタル2階建て。トイレや台所が共用だったそれまでの集合住宅(長屋)と異なり、それらの設備が各戸に設置されたことが「文化的」とされ、この通称で呼ばれた。

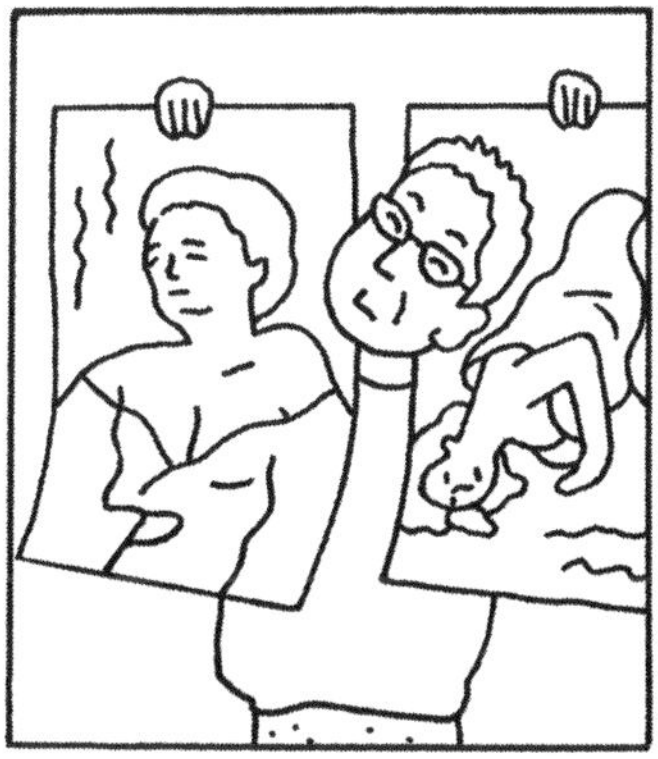

つかないから、出すほどに赤字が膨らむ。それでも今年で創刊18年を数え、通巻200号を超えた。ピンク映画専門の情報誌としては、間違いなくギネス記録でしょうね」

日活ロマンポルノ＊の全盛期に少年期を過ごし、「早く大人になって美保純＊の裸が見たい！」と焦がれつつ育ったという太田さん。そんな中学時代に知った日活作品の一つが「桃尻娘《ももじりむすめ》　ピンク・ヒップ・ガール」だった。「劇場で見ることはかなわずとも、橋本治の原作本なら読める」。勇んで買い求めた文庫本はしかし、無邪気な男子中学生を打ちのめした。

「生理や自慰の話から、ゲイの男友達との交遊まで、フツーの女子高生の一人称で語られる。僕らがまだ幼稚な下ネタで喜んでたころに、女子はとっくに初潮を迎えて、ずっと先を行ってたんだという衝撃。男なんて一生、女に勝てる訳がないと思い知りました」

1987年に高校を卒業。晴れて成人映画を見られる年齢になったと思いきや、翌88年にはロマンポルノの制作が終了し、世はアダルトビデオの時代に。さらに複合型

＊日活ロマンポルノ　1971〜88年に日活で製作・公開された約1100本の成人映画。自由な制作体制は、現在も映画界で活躍する多くの新人監督を生んだ。

＊美保純（1960年〜）女優。静岡県出身。81年、日活ロマンポルノ「制服・処女のいたみ」でデビュー。82年ブルーリボン新人賞、83年日本アカデミー賞新人俳優賞受賞。

のシネマコンプレックスが台頭し、小さな単館が苦戦を強いられる中、自前のフリーペーパーでピンク映画への偏愛を表明し続けてきた。
そんな孤軍奮闘の日々に出合った1冊が、黒岩比佐子著『パンとペン』。社会主義者・堺利彦が「売文社《ばいぶんしゃ》」を起こし、官憲の弾圧にあらがった記録だ。がんと闘いつつ丹念な取材で本書を書き上げ、52歳の若さで他界した女性作者の強さにも打たれた。
「社会主義運動の〝冬の時代〟を描きながら、作者が最も称賛しているのは、苦境を笑いに変えた堺のユーモア精神。戦時下など困難な世の中になると、真っ先に封じられるのが『エロ』と『笑い』でしょ。でもそれこそが、人間が生きていく最大の原動力なんじゃないか」

（2017年3月30日／平松正子）

『桃尻娘』

橋本治（1948年〜）著。78年、講談社刊。女子高生の風俗をリアルに描き、小説現代新人賞佳作を受けた橋本のデビュー作。『その後の仁義なき桃尻娘』『帰って来た桃尻娘』などの続編も出て大河青春小説シリーズに。日活により映画3作が製作・公開された。

『パンとペン』

黒岩比佐子（1958〜2010年）著。2010年、講談社刊。「日本社会主義の父」と呼ばれる堺について、文学的側面から再評価を試みた労作。脱稿間近にがんを宣告されたという作者の筆に、社会主義者らの命を懸けた闘いが重なる。読売文学賞受賞作。

フィルムオフィス代表

松下麻理さん(54)

『シビックプライド』から『神戸ものがたり』へ

みんなが街の一員に

神戸市内のホテルの広報担当から神戸市の広報官、そして今は「神戸フィルムオフィス」(同市中央区)の代表。映画から雑誌まで幅広い媒体の撮影を誘致し、今年は神戸が舞台のNHK連続テレビ小説「べっぴんさん」でも大忙しだ。

そんな異色の転身を重ねてきた松下麻理《まり》さん(54)が市の広報官時代、阪神・淡路大震災20年を前に手に取った1冊が『シビックプライド―都市のコミュニケーションをデザインする』だ。建築・都市計画やデザインの専門家らが欧州の各都市で展開されたキャンペーンの事例から、シビックプライド(市民が街に抱く誇りや愛着)を考える。例えばオランダのアムステルダムでは「I amSterdam(私自身がアムステルダム)」というメッセージを、英国のバーミンガム市では「You Are Your City(あなた自身があなたの街)」の言葉とごみ箱にごみを入れる人を描いたイラストを街中にあふれさせた。デザインの力で通りゆく人々を〝その気〟にさせる試みだ。

「私たちの街を良くするのは私たち、ということ。神戸の人は神戸が大好きですよね。一人一人に『私は街の一員』という主体的な気持ちが加われば、社会の問題を解決する第一歩になるはず。例えば認知症や児童虐待は本人のサインに周囲が早く気つくことが大切ですから」

自らも神戸について深く知ろうと、次に読み進んだのが陳舜臣《ちんしゅんしん》著『神戸ものがたり』。開港以降の歴史とともに、まるで自分がまちあるきをしている感覚を味わえた。「神戸を知っているつもりで、全然知らなかった。水害、戦災、震災を乗り越えてきた歴史も改めて振り返ることができ、今も読むたびに新しい発見がある。バイブルのようです」と話す。

実は思いがけない〝再会〟もあった。神戸に憧れていた奈良の高校生時代、どこかの大学の受験案内にあった文章が『神戸ものがたり』の引用だった。

〈六甲の山なみは、裳裾《もすそ》をひいて、海にくずれこんでいる。神戸の町はそのなだらかなスカートのうえにのっかかっているようで、地形的にも、なんとなくなまめいたところがある。だが、そのなまめかしさにしても、いたって開放的なのだ〉

「その文章は北野のうろこの家*から見下ろした街の写真と一緒に掲載されていました。私はそれを京都の大学に進んだ後もずっとベッドの横の壁に張ってたんです」と笑う。

その後、震災以降の街の人々の思いや歩みを集め、共有し、発信するプロジェクトを実施。そこから2015年1月にシビックプライド・メッセージ「BE KOBE」が生まれた（17年1月には、観光スポット、メリケンパークにモニュメントが設置される）。

「神戸は人の中にある、神戸であれ、という意味です。多くの困難を乗り越え、支え合ってきた。それが神戸の街の魅力ですから」

（2016年12月15日／松本寿美子）

『シビックプライド——都市のコミュニケーションをデザインする』

2008年、宣伝会議刊。伊藤香織・東京理科大学建築学科准教授、編集家紫牟田《しむた》伸子《のぶこ》らでつくる「シビックプライド研究会」が執筆、編集した。

『神戸ものがたり』

1981年、平凡社刊。著者の陳舜臣は神戸市出身。『秘本三国志』など多くの長編歴史小説を残し、2015年1月に90歳で他界した。

＊うろこの家（旧ハリヤー邸）　神戸市中央区の高台にある北野異人館街に建つ、神戸で最初に公開された異人館。外国人のための高級借家として1885（明治18）年に神戸の居留地に建築。1905（明治38）年に北野に移築。インテリアも含め完全な状態で保存されており、国登録有形文化財指定。

複合文化施設広報担当

大泉愛子さん(33)

『ぶらんこ乗り』から『シンジケート』へ

ここではない、どこかへの旅

神戸市兵庫区の複合文化施設「神戸アートビレッジセンター(KAVC)」で広報担当として活躍する大泉愛子さん。小学時代は、近所の主婦が自宅で開いていた私設図書館が〝遊び場〟だった。絵本や児童文学、たくさんの本に触れ、育った。だからだろうか。「本に囲まれた空間は心落ち着く」。生涯の宝物となるような本と巡り合うのも、書店ではなく図書館が多かった。

東京の大学で建築を学び、卒業後は故郷・仙台で接客業についた。仕事の傍ら、実家近くの区立図書館で月数回、本の整理や修理のボランティアに携わっていた。『ぶらんこ乗り』を見つけたのは、返却された書籍の分類作業のとき。「いしいしんじ」。平仮名だけの作者名になぜか引かれ、すぐに借りて読んだ。

家族をめぐる、いとおしくも切ない物語。弟は、ぶらんこが上手で、作り話の天才。声が出ず、動物と話ができる偏屈者。今はもういない弟の古いノートが出てきて、姉

が家族との日々を回想する。「たいふう」「おばけのなみだ」……。弟がつくる「おはなし」が時に残酷で美しい。宮沢賢治の童話が好きで、想像力をかきたてる、いしいの物語世界にも虜《とりこ》となった。『プラネタリウムのふたご』や『ポーの話』など次々と読破した。

　数年後の、予期せぬ本との幸福な出合いの場も図書館だった。建築家伊東豊雄設計の斬新な文化施設「せんだいメディアテーク」内。図書館の棚で、偶然手に取ったのが『シンジケート』だった。ニュー・ウエーブと呼ばれる歌人の一人、穂村弘の第1歌集。〈風の夜初めて火をみる猫の目の君がかぶりを振る十二月〉〈子供よりシンジケートをつくろうよ「壁に向かって手をあげなさい」〉。現代的で豊かなイメージ、感性に満ちた歌の数々。「永遠の少年のひとり遊びめいた不思議な味わい」とも評された1冊だ。お気に入りの歌は〈「自転車のサドルを高く上げるのが夏をむかえる準備のすべて」〉〈パイプオルガンのキイに身を伏せる朝　空うめる鳩《はと》われて曇天〉など。「限られた言葉で本質を突く。離れてみて、初めて見えてくるものもある。そんな風なことも考えさせられ、教えられた」。

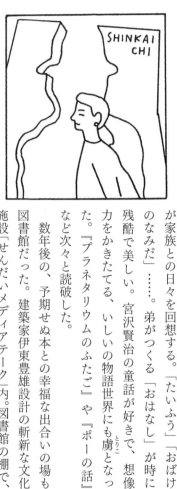

2009年から、京都の大学の関連施設で働き始め、イベントで京都在住のいしいを招く機会があった。聴衆を前に、即興で文章を口にしながら小説を書く、いしい独自のパフォーマンス「その場小説」を披露してもらった。「目の前で言葉が生まれ、世界が広がっていく。感動的だった」。

いしいの物語と穂村の短歌。「どちらも、ここではない、どこか遠くへ〝旅〟させてくれる」と共通点を語る。「言葉や発想の自由さが、凝り固まった思考をほぐしてくれる」とも。広報の仕事も言葉が重要。言葉への感性、主観・客観のバランスなど両者から学ぶことも多いという。「いつか2人の対談イベントをKAVCで実現できたらうれしい」

（2016年6月9日／堀井正純）

『ぶらんこ乗り』

いしいしんじ（1966年～）著、2000年、理論社刊。『麦ふみクーツェ』（坪田譲治文学賞受賞）、『プラネタリウムのふたご』などで知られる作家の初の長編小説。この物語を熱愛するシンガー・ソングライター吉澤嘉代子が同名曲を作詞作曲しリリースしている。

『シンジケート』

穂村弘（1962年～）著、90年、沖積舎刊。歌人、批評家、エッセイストとして活躍する穂村の第1歌集。歌人林あまり、作家高橋源一郎らに絶賛された。86年、角川短歌賞で次席となった連作「シンジケート」などを収録。

筆文字&パステルアートクリエイター

石井久美子さん

『ペツェッティーノ』から『クレーの天使』へ

「私は私」と気づくまで

「ペツェッティーノ」とはイタリア語で、小さな断片や部分品という意味。息子が幼かった頃に、保育園で借りてきた絵本のタイトルだ。貧相で哀れな主人公は、自分を誰かの「ぶぶんひん」だと思い込み、それを確かめようと決心する――。何げなく読むうちに心を揺さぶられ、ついには自分のために買い求めた。

「自分は何者なのか。いろんな人に聞いて回り、一度は粉々になってしまった揚げ句に『ぼくは　ぼくなんだ！』と気づく。とても深い内容で、ほとんど衝撃的だった。子どものために書かれた本が、大人をこんなに感動させることにも驚きましたね」

同じレオ・レオニの絵本を続けて読んだが、どれもいい。何冊か読んだところで、訳者が詩人の谷川《たにかわ》俊太郎だったことに気づいた。ちょうど自分も息子の言葉を書きとめ、詩のようなものを作り始めていた頃のこと。「ぜんぶ平仮名で、難しい言葉は一つも使っていないのに、どうして強く胸に響くのだろう」。今度は谷川がつむぐ魅力

的な詩の言葉を追いかけることになる。

そうして出合った次の1冊が『クレーの天使』。スイスの画家パウル・クレーが描く天使の絵に、谷川が詩をささげたものだ。「画家と詩人の、時空を超えたコラボ。本にはこんなこともできるから、すごい」。描かれているのは「泣いている天使」や「醜い天使」「忘れっぽい天使」などさまざま。特に「未熟な天使」が心に残った。「天使といってもみんな人間的で、悩みもある。ペッツェッティーノにも通じるのかも」。

いつか自分でも詩画集を作ってみたい――と思うようになった石井さん。しかし「画家さんの作品に詩をつける自信はないから」と、絵も自分で描くことに。一昨年からパステル画、そして昨年からは筆文字アートを始めた。失敗と思った線に面白い味わいが生まれたり、丹念に描き込みすぎてバランスが崩れたり。まだ模索中ながら、描いていると時間を忘れる。

「うまく書こうとするのではなく、個性的に表現したい。ペッツェッティーノが教えてくれた通り、『私は私』だから。でも、彼も最初から開き直っていたわけじゃない。

悩んで探して、気づくまでの過程が大切なのでしょう」
大切な本と出合うきっかけをくれた一人息子も、今春からは大学生。時を同じくして石井さん自身も、資格を得て筆文字アートを指導する講座を始めた。親子そろって、新たなスタートを切ったこの春。取材の前日に仕上がったばかりという作品には、ハートマークを散らした画面に「そのままでいいんだよ」の文字をしたためた。「今の気持ちに、一番ぴったりくる言葉。欲を言えば、あともう少し子離れしなくちゃね」。

（２０１６年４月28日／平松正子）

『ペツェッティーノ』

レオ・レオニ（１９１０～99年）作、谷川俊太郎（31年～）訳。78年、好学社刊。同じコンビの翻訳絵本には、教科書で読んだ人も多い『スイミー』をはじめ、『フレデリック』『せかいいちおおきなうち』など多数の作品がある。

『クレーの天使』

パウル・クレー（１８７９～１９４０年）・絵、谷川俊太郎・詩。２０００年、講談社刊。さまざまな天使の絵45点と、18編の詩からなる。谷川は20代の頃からクレーの絵に触発されて創作しており、95年刊の『クレーの絵本』に続く詩画集となる。

フリーアナウンサー、ヨガサロン主宰

奥窪峰子さん(38)

『ジャングルの子』から『食べて、祈って、恋をして』へ

自分の生き方見つめ直す

窓から見える明石海峡大橋に夕日が落ちていく。あかね色に染まった和室には、心地よい音楽と香りが漂う。

フリーアナウンサーの奥窪峰子さんは今年1月、生まれ育った家の2階を手作業で改装し、ヨガサロン「ソラヨガ」(神戸市垂水区)を本格的に始めた。インドの伝統的なハタヨガを学び、4月には日本で初めてインド国立衛生科学研究所から、ヨガ教育専門士と自然療法士の認定を受けた一人だ。

「訪れた人たちが、ここで心の静けさを取り戻せますように」と願い、少人数制のレッスンで心身をケアする。

かつてはNHK神戸放送局のキャスターとして激務をこなした。フリーに転身後は母親の介護も重なり「全てを背負っていた20代だった」と振り返る。

目まぐるしい日々をくぐり抜けた約5年前、アナウンサー仲間の親友に薦められ、

ザビーネ・キューグラー著『ジャングルの子―幻のファユ族と育った日々』を読んだ。ドイツ人の言語学者の両親に連れられ、インドネシア・西パプアの熱帯雨林で、5歳から17歳までを暮らした女性の自伝だ。その後、西洋の文明生活でアイデンティティーに悩みながらも、自らの人生を見いだしていく。

「ザビーネに比べれば私の体験はたわいもないものだけれど、変化の中で自分を保つことの難しさに共感した。淡々と母を介護し、仕事では他人の評価にさらされるうち、自分の内面に向き合うことをなおざりにしていました」

そんな反省から書店で思わず手に取ったのが、ニューヨークの女性が自分を見つめ直す旅に出るエリザベス・ギルバート著『食べて、祈って、恋をして―女が直面するあらゆること探求の書』。「インドのヨガについて書かれていたこともあって読み始めたけれど、女性がシンプルな生き方にたどり着くまでの経過が描かれ、一緒に旅をしている気持ちになれた」。

読後、足が向かったのは米国・カリフォルニア州にある「マウント・シャスタ」だった。富士山と同じ世界七大霊山*の一つだ。

「大自然に加え、ジブリ映画みたいに不思議な生き物が出てくるような魅力がある。いろんな制約が取り払われて、清らかな心にしてくれるんです」

窓際に飾った山の写真を見つめながら、「ここをマウント・シャスタのような場所にしたい」とぽつり。「山ですれ違えば、見ず知らずの人とも声を掛け合うでしょう。日常も同じように過ごせば人との出会いが広がる。みんなが休みに立ち寄れる場所にしたいですね」

（2015年10月8日／松本寿美子）

『ジャングルの子――幻のファユ族と育った日々』

ザビーネ・キューグラー（1972年生まれ）著、松永美穂、河野桃子訳。2006年、早川書房刊。インドネシア・西パプアのジャングルで1798年に発見されたファユ族と、彼らに交じって育った白人少女の成長をつづった物語。

『食べて、祈って、恋をして――女が直面するあらゆること探求の書』

エリザベス・ギルバート（1969年生まれ）著、那《な》波《わ》かおり訳。2010年、武田ランダムハウスジャパン刊。米・ニューヨークに住む女性作家が、離婚を機にイタリア、インド、バリ島を旅した回想録。

＊世界七大霊山　エベレスト（中国、ネパール）、キリマンジャロ（タンザニア、ケニア）、マチュピチュ（ペルー）、シナイ山（エジプト）、富士山、およびアメリカのセドナ（アリゾナ州）とマウント・シャスタ（カルフォルニア州）。ユネスコなどの公的機関が定めたものではなく通称。世界七大聖山とも呼ばれる。

ホテルスタッフ

『「学ぶ」ということの意味』から『日日是好日』へ

西橋 悦さん

周りの幸せにつながる喜び

ほのかな明るさのロビーには、洗練された高級感と温かな雰囲気が同居する。「私たちがホテルを自分の家だと思わないと、お客さまもくつろげないと思うんです」。神戸ベイシェラトンホテル＆タワーズ総支配人室室長代理の西橋悦《えつ》さんの言葉には仕事場への深い愛着と誇りがにじむ。

ホテルに就職後10年ほど、学問への未練を断ち切れず母校の甲南女子大学に聴講生で通った。そのころ恩師の薦めで読んだ本が佐伯眸《ゆたか》著『「学ぶ」ということの意味』だった。

学ぶことの意味を〈予想の次元ではなく、むしろ希望の次元に生きること〉と説く。「佐伯さんの本は在学中から読んでいたけれど、文化をつくるために学びの大切さを説いているところが新しい。学びが自分や周囲、社会を幸せにすることにつながるということをです」と語る。

大学時代、まさにそんな心ときめく喜びを知った。ゼミの上田信行教授（当時）は米国帰り。研究室にはギターがあり、自由な空気をまとった先生だった。「学び」の環境デザインを専門とし、米国の教育番組「セサミストリート」の制作過程などを研究していた。

人がわくわくしながら学べる環境とは。ゼミではハードとソフトの両面から考えた。「先生と学生が互いに学ぶフェアな関係だった。先生は私たちの発言を面白がり、可能性を認めてくれた。そんな大人に出会ったのは初めてで、それまで自分には何の価値があるのかと自信がなかったが、学ぶことで自分が良くなっていく実感が湧いた」と振り返る。佐伯さんの著書は、上田ゼミのわくわくを思い出させてくれた。

学問に心を残しながらも、人が喜ぶ笑顔を見たいと就いたホテルの仕事。その仕事を知るにつれ、有意義な時間を共有できる学びの場づくりと重なるようになった。「おもてなしの場づくりも同じじゃないかと。もてなし上手、もてなされ上手がいて、一緒に心地いい空間をつくっていけるんですよね」。

もてなし、もてなされる。そんな空間について考えるうち、ふと自宅の書棚で目に留まったハードカバーが森下典子著の『日日是好日《ひびこれこうじつ》』だった。

就職につまずき、失恋や父親の死を経験した著者が不安と悲しみの中、茶道を通して気ついた日々の喜びをつづる。季節によって異なる雨の音、成長を急がず長い目で「今」を生きること、がんじがらめの作法の向こうに見えてきた自由……。随分前に一度は読んだはずだったが、新鮮に心に響いてきた。今では文庫本も購入し、手元に置いている。

学問は大学だけにあらず。現在、上田ゼミの出身者らとともに定期的に学びとデザインについて意見を交わすサロン的な集まりを開いているという。

「一生、勉強ですよね」。いつしか迷いはどこかへと消えた。（2016年6月23日／松本寿美子）

『「学ぶ」ということの意味』

佐伯眸著。1995年、岩波書店刊。著者は39年生まれ。70年に米国で心理学の博士号を取得。認知科学者。東京大学名誉教授。ほかに『「わかる」ということの意味』など。

『日日是好日――「お茶」が教えてくれた15のしあわせ』

森下典子著。2002年、飛鳥新社刊。著者は1956年、神奈川県生まれ。日本女子大学国文学科卒。これまで「週刊朝日」などで活躍。ルポライター、エッセイスト。

ホテルステーキハウス料理長

鍬先章太さん(33)

『道をひらく』から『プリズンホテル』へ

自分を磨き高める〝教科書〟

「姫路から神戸まで、片道約1時間。通勤の列車内は大切な〝自分時間〟」

そう語るのは、神戸メリケンパークオリエンタルホテルでステーキハウスの料理長を務める鍬先章太《くわさきしょうた》さん。調理や接客、メニュー作りに多忙な日々を送る中、行き帰りの電車で本の世界に没頭する。自分を磨き高め、心を癒やす貴重なひとときだ。

通勤時の読書はホテルへ入った21歳のころからの習慣。コックの修業、職場での上下関係、学生結婚した妻の出産……。社会人1年目、さらに父親となった不安や喜びが交錯する中で出合った1冊が、「経営の神様」松下幸之助のエッセー集『道をひらく』だった。

ぼろぼろになるほど読み返し、人生をどう切り開けばよいのか自問した。「自分の背骨になっている本。簡潔な言葉で大切なことが記してあり、修業時代の支えになった」。忍耐や寛容の心の大切さ、商売の尊さ、日本人としての誇り、縁あって出会った人とのつながりの意味……。多くを教えられた。思案《しあん》にあ〈この道が果たしてよいのか悪いのか、まる時もあろう〉〈道をひらくためには、まず歩まねばならぬ〉。転職を考えたこともあったが、本の言葉を胸に働き続けた。

フランス料理のシェフ三國清三《みくにきよみ》さんの『料理の哲学』など料理関係の書籍に目を通す一方、人気小説家横山秀夫、東野《ひがしの》圭吾、海堂尊《たける》らのミステリーも愛読。中でもお気に入りの作家が浅田次郎だ。映画館で偶然目にした映画「椿山課長の七日間」の予告編に興味を引かれ、原作小説を手に取った。それを機に『日輪《にちりん》の遺産』『シェエラザード』『鉄道屋《ぽっぽや》』などを次々と読破。近代中国を扱う『蒼穹《そうきゅう》の昴』『中原《ちゅうげん》の虹』や幕末が舞台の『壬生《みぶ》義士伝』など、重厚な歴史ものにとりわけ心奪われた。『プリズンホテル』シリーズの存在も知ってはいたが、軽薄なドタバタ喜劇だろうとたかをくくり、敬遠していた。「本とは、何かを得るための教科書と考えていた」。が、ある日、本好きの同僚から「浅田ファンなのに読んでないの?」と〝食わず嫌い〟を指摘され、一読。衝撃を受けた。

やくざが経営する任侠《にんきょう》団体専用のホテルが舞台。わがままでサディスティックな

主人公の小説家をはじめ、登場人物は変人ぞろい。笑いあり、涙あり、ギャグ満載のまさにドタバタ喜劇。「けれど、コメディーだが芯がある。主人公も暴力的だが、実は優しい。彼をとりまく周囲の人々もいい」。まじめなだけの生き方でなくてもいい、と気付かされた。『道をひらく』は人生の教科書だったが、『プリズンホテル』には生き方の自由さや幅を教えられた。「失敗したっていい」とわかり、楽になった気がした。「苦しみの先に光はある」。そのことも浅田文学から学んだ。

レストランでは料理はもちろんのこと、客との対話を大切にしている。本のおかげで知識が広がり、人間のとらえ方も深まった。「読書は人生を豊かにしてくれる。これからもたくさんの本とつきあっていきたい」。

（2016年3月31日／堀井正純）

『道をひらく』

1968年、松下幸之助（1894〜1989年）著、PHP研究所刊。雑誌「PHP」に連載した随筆をまとめた1冊。時代を超え読み継がれ、累計500万部を超える大ロングセラー。78年に『続・道をひらく』が出版された。

『プリズンホテル』

浅田次郎（1951年〜）著、徳間書店刊。93〜97年に全4巻が刊行された。やくざの組長が経営するリゾートホテルを舞台にさまざまな騒動や人間模様を描く。笑って泣ける娯楽作。文庫版は集英社が発行。ドラマ化や舞台化もされた。

マジシャン

松原俊生さん(31)

『マジック入門』から『吾輩は猫である』へ

震災が縁で奇術に目覚め

小4のとき、神戸の自宅を離れ、加古川の祖父宅へ一時身を寄せた。1995年2月、阪神・淡路大震災直後のことだ。その年の3月、祖父に買ってもらったのが『マジック入門』だった。

加古川の小学校に約2カ月通い、神戸へ戻るとき、お別れ会が企画された。級友たちが隠し芸を披露してくれることになったが、自分も何か出し物をと発奮。手品に挑もうと、書店でこの本を選んだ。興味を引かれたのが「超能力マジック」の一つで、呪文をとなえると相手の脚が上がらなくなる手品。視線や言葉を巧みに操り、相手の身体に手を添えながら片側の脚に重心をかけさせ、その脚が上がらなくなるよう誘導する。「催眠術に近いもので、今思うと技術が必要なかなり難しい手品。本番は失敗ばかりだった」と苦笑する。「でも失敗がよかった。『私もやって』とみんな列になって、結局クラス全員にやった。手品をきっかけにコミュニケーションを図るという意味では目的は果たせた」。

以来、手品好きになり、神戸の小学校ではマジッククラブに入り腕を磨いた。愛媛大時代は、柔道部とマジック愛好会に所属。大学院へ進み、環境問題などを扱う研究者となったが、4年前神戸に帰り、心機一転、プロの手品師の道を選んだ。手品の小道具の使用済みトランプを素材に、巨大な明石海峡大橋などを制作する異色の美術家としても活動する。『マジック入門』は、初心者から職業マジシャンまで使える奇術を幅広く紹介した懐の深い1冊で、「もし、最初に違う本に出合っていたら、今の僕とは違っていたかも」。神戸市内でマジック教室も開くが「今も教材として参考になる」と素晴らしさを語る。

小学時代の1冊に続き、心に響いた本は文学だった。中学時代、父の書斎に並ぶ多彩な分野の本を読むのが楽しみで、ある日、手に取ったのが夏目漱石の『吾輩は猫である』。夢中になり徹夜で読破した。猫の目から、人間社会のおかしさを軽妙に風刺した名作。第三者的に、ものごとを冷静に観察することの意味を知った。

技術だけではマジシャンの職は成り立たない。仕事を取ることや観客とのやりとり、コミュニケーションも重要だ。「でもそんなことはマジックの本には書いてない」。大人らしさ、人間としての厚み、深みなど、大切なことが身についたのは父のおかげだった。「礼儀作法や常識、一般教養、たくさんのことを教わった。書斎にあったこの本も父から学んだことの一つ。僕の目につく場所に置いておいてくれたのかも」。『吾輩～』の分厚い文庫本は父の本棚を離れ、今も手元にある。何度も読み返す愛読書だ。「部分部分に味わいがあり、拾い読みするのが面白い。自分の成長で読み方も変わってきた。いつも新しい発見がある」。

（2016年2月18日／堀井正純）

『入門百科シリーズ マジック入門』

高木重朗《しげお》著、1977年、小学館刊。本書は児童向けのシリーズの1冊。コインやひも、トランプを使う奇術など70種を掲載。著者は奇術研究家・アマチュアマジシャンで、奇術専門書の翻訳や解説書執筆に情熱を傾けた。

『吾輩は猫である』

夏目漱石の初の小説。高浜虚子《きよし》に薦められ、1905年、文芸誌「ホトトギス」に発表。好評を得て全11回連載。漱石にとって英文学者から小説家への転機となった長編。岩波文庫、角川文庫、新潮文庫などで読める。

マンガーソングライター

『蛸の八ちゃん』から『タコは、なぜ元気なのか』へ

本町 靫さん

歌と漫画 吸い寄せられ

〽人生なんて簡単さ　この八つの手がありゃ不可能はない　人生なんて口八丁手八丁　おっと　手は八丁でも口は一丁だがな〜

　和装コスプレで熱唱するのは、敏腕サラリーマンのタコが活躍する漫画「すごいおたこのものがたり」のテーマ曲。自作漫画をウクレレ演奏に乗せて歌い上げるマンガーソングライター・本町靫《ほんまちうつぼ》さんは、自らの「創作の原点」として、迷わず田河水泡《たがわすいほう》作『蛸《たこ》の八ちゃん』を挙げた。「のらくろ」で知られる作者の、もう1つの名作だ。

「小学校低学年のころ、叔父さんに借りて読みました。当時すでに『ふっるー(古くさい)』と思ったけれど、タコがしれーっと人間の言葉をしゃべり、日常生活を営む不思議な世界観にハマった。それから自分でも、動物を擬人化した絵を描き始めたんですよ」

　中でも、決定的に影響されたのはラストシーン。さんざん珍騒動を繰り広げたタコたちが、唐突に「蛸の八ちゃん音頭」なるものを歌い踊って終わるのだ。「ここか

ら、漫画と歌は切っても切れないと思い込んでしまったんですね」。ユニークな表現スタイルは、幼くして方向付けられたものらしい。

しかし高学年になると一転、「八ちゃん」への思いを封印する。「人として、こんな絵を描いていていいのだろうか」。そんな疑問が頭をもたげ、中学に入ってからは美術部に所属。正式なデッサンや油絵に打ち込んだ。

「本当は好きなのに、自分をうまく表に出せない。そのうち『八ちゃん』に嫌悪感すら覚えるように。生意気な年頃になり、それまでの自分を否定していたのかもしれません」

タコの魅力を再認識したのは、大阪・靱本町《ほんまち》で働いていたOL時代。たまたま頼まれて描き始めたイラストと、たまたま習い覚えたウクレレで、ライブ活動を始めたころだった。ある時、ネタ作りの参考文献として買い求めたのが『タコは、なぜ元気なのか』だ。

体の構造や能力、各地に残る伝説などから、多角的にタコを分析した一書。「漫画といえどもウソは描けないと思って。いいえ、タコが働く時点でウソなんですけど」。

読み進めるほどに、〈吸盤は実にいやらしい〉〈奥ゆかしい愛の交歓〉などほとんど擬人化した表現から、学者らのタコに注ぐ深い愛情が読み取れた。

そして完成したのが「すごいおたこのものがたり」。描くうちに「八ちゃん」に夢中だった日々がよみがえってきた。「昔も今も、やっぱりタコが好き。タコだけに、吸引力がすごいんですよ」。ちなみに、魚のウツボもタコが大好物なのだそうだ。

（2016年5月19日／平松正子）

『蛸の八ちゃん』

田河水泡（1899～1989年）作。31～37年「婦人子供報知」で連載され、35年に講談社から単行本化。代表作「のらくろ」と同時期の連載で「同じく動物を主人公に」との依頼により誕生した。現在も講談社漫画文庫版などで読める。

『タコは、なぜ元気なのか』

奥谷《おくたに》喬司《たかし》、神崎宣武《のりたけ》編著。1994年、草思社刊。奥谷は軟体動物学者、神崎は宮本常一《つねいち》に学んだ民俗学者。他の共著者は、水産学博士の畑中《はたなか》寛と元水族館長の大久保修三《しゅうぞう》。多分野の知見からタコの「元気」の秘密を探る。

マンガカフェオーナー

『小石川の家』から『こんなこと（あとみよそわか）』へ

山本真知子さん（43）

文豪流 理詰めの子育て

神戸・元町のビルの一室。天井まである作り付けの本棚には、マンガから育児書、小説まで、多彩なジャンルの約千冊が並ぶ。

2児の母であり、赤ちゃん連れで入れるマンガカフェ「タマんち」を開く山本真知子さん（43）。取りそろえた本は大半が自らの蔵書だという、根っからの本好きが挙げたのは、2冊のエッセーだった。

出合いは10年前。長男を妊娠中で、運動不足解消のため、図書館通いを日課にしていた。そんなある日、テレビで随筆家の青木玉《あおきたま》さんを見かけた。祖父は明治の文豪、幸田露伴《こうだろはん》。掃除や料理を厳しくしつけられたこと、口うるさい祖父だったことなど、思い出を語る姿が印象に残った。

数日後、偶然図書館の本棚で目に留まったのが、青木さんの『小石川の家《うち》』。9歳の時、両親の離婚に伴い、母・幸田文《あや》に連れられ露伴の家に移り住む。それから約10

年、母と祖父との3人で暮らした日々をつづったエッセーだ。

愚かさを嫌う祖父は、孫に対しても容赦なく小言を連ねる。食間の薬を出せば〈何の考えも無しに薬を良いものとだけ信じて人にすすめるとはどういうことだ〉。筆者は自身を〈祖父を喜ばせること少い孫だった〉と振り返っている。

理不尽にも思える露伴の人となりに興味がわいた。では、娘から見ればどんな人物だったのか。

続いて手に取ったのが幸田文著『こんなこと（あとみよそわか）』だ。「相手が違えば、受け取り方も違ったみたい」。文の視点からは、不肖の娘にさまざまなことを教え、導く存在として描かれている、と感じた。

文中で、掃除の稽古が描かれる。ほうきとはたきの修繕から始まる徹底ぶりで、その中でかけた言葉が表題にある「あとみよそわか」。「もう一度後を振り返って仕事を確認せよ」という戒めだった。

露伴は、物事や行動に理由を求める性格ゆえに、娘や孫に厳しいまなざしを向けていた、と読み取った。同時に、受け継がれる幸田家の流儀から、世代間のつながりを感じた。

「子どもを育てる時、一本筋の通った考えを参考にできたらと思った。例えば片付けなら、なぜ片付けるのか、行動に理由がある。実際に伝えられているか自信はないけど」と笑う。

読書好きだが、日頃から図書館に足しげく通っていたわけではない。だが、2冊との出合いをきっかけに、昔の本でも手に取りやすい図書館の魅力を改めて実感した。そんな出合いを、自身のカフェでも多くの人に味わってもらいたい。今日も、本棚の横に座り、訪れる人を笑顔で出迎える。


（2016年11月17日／太中麻美）

『小石川の家』

青木玉（1929年〜）著、1994年、講談社刊。著者は、幸田文の一人娘で幸田露伴の孫。両親の離婚後、母と共に暮らした露伴の家での様子をつづった自伝的随筆。母の没後、『幸田文全集』の出版に合わせて発表した。

『こんなこと（あとみよそわか）』

幸田文（1904〜90年）著、1950年、創元社刊。家事の指南など、父と娘の思い出を克明につづった記録的文学。露伴の没後、闘病やみとりの様子を描いた『父』などとともに発表し、注目を集めた。

遊覧船航海士

『白洲次郎 占領を背負った男』から『人生で大切なことは海の上で学んだ』へ

藤井研二さん（26）

客船船員の理想像ここに

涼しげな目元に笑みを浮かべ、仕立てのよいスーツを着こなして悠然と腰掛けている。そんなロマンスグレーの紳士を捉えたモノクロの写真は、19歳の青年にも充分魅力的に映った。まさに「日本一格好いい男」の呼び名にふさわしかった。

神戸ハーバーランドに発着する遊覧船「コンチェルト」の3等航海士藤井研二さんが、北康利《やすとし》著『白洲次郎 占領を背負った男』を読んだのは、国立波方《なみかた》海上技術短期大学校（愛媛県今治市）時代の練習船の図書室だった。寄港や休みを挟みつつ、2カ月余り航海する訓練。海事関連から小説まで多くの蔵書があり、図書委員をしながら読みふけった。

白洲次郎は神戸一中（現・神戸高校）を卒業後、英国ケンブリッジ大学に留学。戦後、吉田茂*の懐刀としてGHQ*との交渉に当たった。次郎の祖父退蔵は三田《さんだ》藩（現・三田市）の生まれ。退蔵を尊敬した次郎は、妻正子とともに同市に眠る。偶然ながら、藤井さ

＊吉田茂（1878〜1967）神奈川県生れ。東京大学法学部卒。外務省入省。戦前の駐英大使。1946年、総理大臣に就任。麻生太郎の祖父。

＊ＧＨＱ（General Headquarters of the Supreme Commander for the Allied Powers）。連合国最高司令官総司令部。第２次大戦後の日本を占領・管理した組織。初代最高司令官は米国のマッカーサー元帥。52年、対日講和条約の発効で廃止。

んの故郷山梨県にある北杜《ほくと》市白州町《はくしゅうちょう》白須《しらす》も、白洲家の父祖の地とされる場所の1つだ。

「頭が良くてスポーツもでき、お金持ち。全て持っている。首相にならず、2番手でいたのも格好いい。そして行動の根幹には、いつもプリンシプル(原則)がある」と藤井さん。次郎にとっての「プリンシプル」とは、騎士道精神に基づく英国紳士を意味したのだろうと、『白洲次郎――』は推察する。

父の実家がある愛媛県へ帰省する際に漂う、フェリーのオイルの匂いが幼い頃から大好きだった藤井さん。将来の夢が描けないまま漫然と通う高校生活に嫌気が差し、1年で中退後、船員を志した。海技短大を出て、まずは貨物船に乗ったものの、客船への憧れは消えなかった。

「僕の中で接客業である客船の船員は、いつも格好よくあるべきなんです。決して高価なものは着ていないけれど、休日前には必ず靴を磨いて帰ります」

夏場は青い海に映える爽やかな白の制服、冬場は紺のブレザーに身を包む。出航時に港へ向かって手を振るたび、憧れの船員になった誇らしさがこみ上げてくる。

海洋冒険家白石康次郎《しらいしこうじろう》の『人生で大切なことは海の上で学んだ』を読んだのはキャプテンの薦めによる。白石は金もなく、格好もつけず、泥くさい。白洲次郎とは逆だったが、逃げ場がない海の上の過酷さに、貨物船時代の人間関係の苦労を思い出し、共感した。「ぎくしゃくしても乗らなきゃいけなかったですから」。

今年4月、航海士になった。現在の目標は、先輩航海士に頼らず操縦すること。「未熟なところがまだまだある。もっと仕事のレベルを上げたい」。周囲をフェリーや漁船が行き交ったり、ヨットが不測の暴走をしてきたり。海には思いがけない出来事の連続だからこそ、「何もなくつまらなく、が一番いい」。

（2016年10月6日／松本寿美子）

『人生で大切なことは海の上で学んだ』

2006年、大和書房《だいわ》刊。著者の白石康次郎は1967年、東京都生まれ。海洋冒険家。26歳のとき176日間で史上最年少単独無寄港無補給世界一周を樹立。

『白洲次郎 占領を背負った男』

2005年、講談社刊。著者の北康利は三田市の郷土史家の一面を持つ。1960生まれ。東京大学法学部卒。著書に『男爵九鬼隆一《りゅういち》 明治のドンジュアンたち』『最強のふたり』など。

ラジオ記者

『九月、東京の路上で』から『一九四五年夏 はりま』へ

西口正史さん(37)

負の歴史 掘り起こす

「震災とラジオ、それが出発点です」。ラジオ関西の記者、西口正史《まさふみ》さんが阪神・淡路大震災に遭遇したのは中学3年の時だった。大阪に住んでいて生活に支障はなかったが、大好きなラジオも自粛ムードに覆われて元気がない。そんな夜更け、周波数のつまみを回していると、突然ハイテンションな声が流れてきた。同局の伝説的番組「真夜なかん!かん!〝過激団〟」である。

「ラジ関といえば、被災地の中の放送局でしょう。それが震災のすぐ後に、他局より過激な笑いをやっていて驚いた。いや、被災地だからできたのかな。いつか僕も、ラジオを通じて何かを伝える人になりたい、と」

それから8年後の2003年、晴れて同局に入社。念願の震災報道や神戸空襲の特別番組に携わってきた。そして13年春から取材を始めたのが、折しも社会問題化していた在日コリアンに対するヘイトスピーチ（憎悪表現）の動き。その根源を探る中で行

き当たった1冊が『九月、東京の路上で』だった。

副題は「１９２３年関東大震災　ジェノサイドの残響」。フリーライターの加藤直樹さんが、現代のヘイトスピーチに関東大震災後の朝鮮人虐殺を重ね、丹念な取材でその実相に迫ったノンフィクションだ。これによると、虐殺は一部の暴徒による蛮行ではなく、行政や警察や軍が黙認または関与して、一般市民の手でなされたと分かる。

「普通の社会生活を送っている人が、正しいと思ってやっているのは、今のヘイトスピーチも同じ。日本人のマナーの良さばかりが言いはやされた東日本や熊本の被災地でも、外国人犯罪にまつわるデマは流れた。虐殺は決して、遠い過去の話じゃない」

ラジオ関西の地元である兵庫県にも、掘り起こすべき歴史的事件があるのでは——。アンテナに引っ掛かったのが『一九四五年夏　はりま』だ。こちらの副題は「相生《あいおい》事件を追う」。太平洋戦争の終戦直後に、相生市で中国人３人が惨殺された事件を追った、作家こちまさこさんの労作である。

こちさんが取材を始めたのが１９７３年。「この時すでに、忘れられたり事実が改《かい》竄《ざん》されたりしていた。負の歴史をたどる難しさを痛感した」。だが、執念の取材は何度も頓挫しつつ十数年におよび、少しずつ軍国日本の暗部をあぶり出していく。「取材過程にはさまざまな出会いがあり、ロードムービー的な面白さも。僕自身の仕事も投影しながら読み、大きな励ましを受けました」。

一個人の問題意識を突き詰めた2冊を読み、改めて自問する。ラジオ記者としての自分には何ができるだろう？「災害などの発生直後に正しい情報を発信することも大切だが、埋もれた真実を50年、100年後に検証することも必要。思い出したくない記憶かもしれないけれど、いつか同じ事態に直面したとき、それはきっと役立つはずだから」。

（2017年6月22日／平松正子）

『九月、東京の路上で』

加藤直樹（1967年～）著。2014年、ころから刊。ヘイトスピーチの響く東京各地を巡り、関東大震災後の虐殺にまつわる証言を収集。当初は13年9月限定でブログで発信したものだが、多くの反響を呼んだことから加筆・出版に至った。

『一九四五年夏 はりま』

こちまさこ（1925～2012年）著。08年、北星社《ほくせいしゃ》刊。「相生事件」の知られざる背景を探り出し、日本自費出版文化賞を受賞。同時に出版された『一九四五年夏 満州』では、満州開拓移民の悲劇に迫った。

冷麺屋4代目

『はいくないきもの』から『なずな』へ

張守基さん（35）

赤ちゃんが変える日常の風景

神戸・新長田にある人気の老舗飲食店「元祖平壌冷麺屋・本店」の4代目で在日4世の張守基《チャンスギ》さん（35）は、小学生時代から無類の本好き。インターネットで自らを「ジョナサン」と名乗り、読書ブログ「ジョナサンズ・ウェイク」をつづる。

なぜ、ジョナサンなのか。リチャード・バックの名作『かもめのジョナサン』が特別な1冊だからだ。神戸朝鮮高級学校時代、図書館の職員を夢見ていたが、外国籍を持つ者には障壁が大きく断念した。そのとき飛行の限界を超えようとするジョナサンに励まされた。

「それでも突き進め、そして自由になれ！と。朝鮮大学校時代には〈最も高く飛ぶカモメは最も遠くまで見通す〉という言葉に奮起し、日英米の古典文学をむさぼるように学んだ」と振り返る。

その後、神戸と尼崎の朝鮮初中級学校で計10年間、主に国語教諭として勤務。初め

て受け持った教え子たちの卒業祝いに贈ったのも『かもめのジョナサン』だった。

「本との出合いに必要なのは、タイミング、シチュエーション、フィーリング」と張さん。そんな張さんの最近の読書は、もっぱら1歳の長女栞虹《かのん》ちゃんとつながっている。

　谷川《たにかわ》俊太郎の絵本『はいくないきもの』は、まだ妻が身重のとき、神戸・三宮の書店で見つけた。謎の生き物たちのイラストとともに、〈んぱぶさな　けしきひろびろ　あっぺくも！〉などと、五七五調の呪文のような言葉がつづられていく。

「手にとると、『それ、面白いですよ』って若い男性店主さんが薦めてくれてね。胎教に読み聞かせていた。何か音楽みたいで、もしかして赤ちゃんの世界の言葉って、こういうモヤモヤした言葉なのかなと。絵本って大人も楽しめるんやと気づかされた」と笑う。

　いつしかその店主とも親しく話すようになったが、書店は間もなく閉店することに。店主は最後に「打ち上げだ」と言って、一人で店に食べに来てくれた。

そのとき「赤ちゃんを見る目線が温かいから」とプレゼントしてくれたのが、堀江敏幸著『なずな』だった。40代半ばの独身男性の地方紙記者が、弟夫婦の生後2カ月になる赤ん坊「なずな」を育てることに。その日々の描写がみずみずしい。〈赤ん坊というのは、こんなにやわらかく目を閉じられるものなのか〉〈どこで眠っていても、彼女は空間を自分中心に変容させる〉……。

「あとで思い返しては書けない表現ばかり。娘が生まれる前から読み始め、こんなに心のありようが変わるのかと育児書代わりに読んでいたら、誕生後は1ページごとに実感できた」と話し、今も店主がくれた「次の本」との出合いに感謝する。

そういえば、自らも感謝されたことがあった。かつて本を贈った教え子が来店し、「あ、先生がくれた本、最近になって読んだら面白かったわ」と一言。「本を読まなさそうな子なんですけどね。うれしかったですわ」と笑った。（２０１７年1月19日／松本寿美子）

『はいくないきもの』

２０１５年、クレヨンハウス刊。谷川俊太郎著。イラストは皆川明。12の不思議な生き物たちのイラストに俳句調の言葉が添えられている。赤ちゃんから楽しめる絵本。

『なずな』

２０１１年、集英社刊。堀江敏幸著。堀江は１９６４年、岐阜県生まれ。早稲田大教授。『熊の敷石』で芥川賞。『なずな』では伊藤整《せい》文学賞を受けた。

人名索引(愛称、グループ名、伝承の人物、猫、鳥、架空の生命体を含む)

欧文
RCサクセション 24

あ
愛新覚羅浩 51
愛新覚羅浩 51
愛新覚羅溥儀 51
(愛新覚羅)溥傑 51
青木玉 213, 215
青柳いづみこ 33, 35
赤瀬川原平 55-56
朝井リョウ 118-119
浅田次郎 205-206
足利義満 159-160
麻生 幾 57
麻生太郎 216
足立巻一 48-50
阿部宗正 174, 176
安部龍太郎 180
天照大神 93, 95
天海祐希 149
荒木 清 185
アルトー，アントナン 41
アンダーソン夏代 152

い
飯田茂実 40-41
池澤夏樹 77
池部宗七 48
石井久美子 195-197
いしいしんじ 25-26, 192-194
石川乙馬 48
イシグロ，カズオ 90-92
石牟礼道子 76-77
泉 鏡花 138
井田真木子 44
出光佐三 131
糸井重里 31, 56
伊藤香織 191
伊藤整 224
伊東豊雄 193
稲垣足穂 169-170
稲盛和夫 57
井上直子 174-176
井上ひさし 42
猪熊弦一郎 12, 14
庵原豊治 42-44
今村欣史 48-50
井村禮子 116
入江正彦 105-107
いわさきちひろ 98
岩田 正 100
岩田哲也 27-29
岩宮武二 64-65

う
ヴィスコンティ，ルキノ 23
ヴィルコンドレ，アラン 140
上田 篤 108, 110
上田信行 202
上村くにこ 75-77
ウォーターハウス(，ジョン・ウィリアム) 33
浮田要三 12-14
内田春菊 31
内田也哉子 173
宇野利泰 143
浦島太郎 99
ウルトラセブン 86
ウルトラマン 84-86
海野そら太 106-107

え
江戸川乱歩 138, 142
エンデ，ミヒャエル 97, 98

お
応神天皇 94
大泉愛子 192-194
大江千里 31-32
大久保修三 212
大島かおり 98
太田耕耘キ 186-188
大谷燠 138-140
大谷典子 45-47
大槻ケンヂ 154
大伴昌司 85
大野一雄 40, 135-137
大橋 歩 37-38
大橋巨泉 88
岡尾美代子 12
岡田淳 117, 119
岡村靖幸 30-32
岡本彰夫 167
小川未明 96-98
奥窪峰子 198-200
奥谷喬司 212
小沢悠介 78-80
織田作之助 147, 149
落合恵子 173
恩田 陸 60, 62
オンディーヌ 33

か
カー，ディクスン 141
海堂 尊 205
鍵山秀三郎 57
葛飾北斎 102, 155, 185
勝谷誠彦 154
加藤直樹 220-221
加藤瑞穂 14
金子祥代 180-182
金子兜太 185
金子直吉 148
カネゴン 84
狩野永徳 181-182
鹿子裕文 144, 146
樺山紘一 35
カミュ(，アルベール) 69-71
香山 哲 54-56
加山雄三 123-125
カラックス，レオス 25
河合雅雄 157-158
川北紘一 86
川島令三 16-17
川端康成 92
川東丈純 156-158
川邊暁美 171-173
観阿弥 47, 160
神崎宣武 212
神田昌典 77
菅野梅三郎 65

き
樹木希林 173

菊池照雄　100-101
キダ・タロー　151
喜多川歌麿　102, 155
北 康利　216, 218
キューグラー，ザビーネ　199-200
清瀬灰二　105
ギルバート，エリザベス　199-200
ギンジン，アレクサンドル　179

く
クイーン，エラリー　141
空海　129, 131
グールド，グレン　178-179
久坂葉子　78-80
久保田 浩　60-62
倉科勇三　14
蔵康 走　105
クララ　132-133
グリシャム，ジョン　57
クリスティ，アガサ　141
栗本 薫　39
車 浮代　154-155
クレー，パウル　196-197
黒岩比佐子　188
鍬先章太　204-206

け
ゲーテ，ヨハン・ウォルフガング・フォン　21-23
ケムール人　86

こ
幸田 文　213-215
合田俊介　153-155
幸田露伴　213-215
河野桃子　200
古庄弘枝　20
ゴジラ　84, 86
こちまさこ　220-221
小林カツ代　111, 113
小檜山 悟　67-68
ゴフ，ジャック・ル　34-35
駒形克己　83
古巻和芳　72-74
小松和彦　99-101
コロッサス　85
近藤勝也　119
近藤弘康　93-95

さ
西東三鬼　168, 170
佐伯 眸　201-203
酒井駒子　98
堺 利彦　188
坂口安吾　138
嵯峨 浩　51, 53
坂本龍一　24, 31
坂本 遼　14
相良守峯　23
さくらももこ　153-155
佐々木喜善　101
ささめや ゆき　134
佐藤さとる　156
ザ・ブルーハーツ　24
猿田彦　95
沢田勝寛　57-59
澤地久枝　149

し
シーシュポス　69-71
シーリィ，ポール　76-77
ジェイコブズ，ジェイン　20
シェイファー，イーディス　179
塩田武士　145-146
時間泥棒　98
宍戸祐子　117-119
澁澤龍彦　138-140
島崎 啓　93, 95
シミオナート，ジュリエッタ　21
清水 徹　71
紫牟田伸子　191
下重暁子　167
ジャームッシュ，ジム　25
正田朝美　51-53
ジョナサン　222
（リヴィングストン，）ジョナサン　222
白石康次郎　218
白髪一雄　13
白倉敬彦　104
白洲次郎　216-218
（白洲）退蔵　216
（白洲）正子　216
しりあがり寿　54
城山三郎　148, 149

す
菅野恵理子　43-44
菅 靖彦　59
杉本苑子　159, 161
杉山平一　45-47
須佐之男命　93
スズキコージ　37-38
（鈴木）よね　147, 148
スッパラガス　38
スパーク，カトリーヌ　162

せ
世阿弥　46-47, 137, 159-161
関 楠生　160-161
妹尾 凛　132-134
ゼレファンタンケル　36
千利休　52-53, 174, 176

た
高木重朗　209
高田佳代子　81-83
高橋源一郎　194
高浜虚子　209
髙山文彦　44
田河水泡　210, 212
滝沢馬琴　161
竹下景子　149
（武田）勝頼　28-29
武田信玄　28-29
竹中 郁　14, 49
武谷なおみ　21-23
田心姫命　93
タダノリン　38
忠平美幸　179
橘 明美　35
橘逸勢　131
田中敦子　13
田中幸恵　135-137
田中優子　103-104
谷川俊太郎　83, 195-197, 223-224
谷崎潤一郎　142
ダ・ビンチ（，レオナルド）　75
玉岡かおる　51, 53, 89, 147, 149

ち
千里　138
千葉定子　162-164
（張）琹虹　223
張 守基　222-224
陳 舜臣　79-80, 190-191

つ

津川絵理子 168-170
月影(千草) 127-128
土屋政雄 92
坪内稔典 185
坪田譲治 119, 194

て

手塚治虫 95
デメートル, ルーク 121-122
天外伺朗 57, 59

と

土井利忠 59
戸川 純 24
所ジョージ 152
ドビュッシー(, クロード・アシル) 33, 35
土門拳 64-65
豊臣秀吉 52-53

な

中島 梓 39
中島 敦 72, 74
中島 淳 102-104
中島らも 154
中村菊子 179
中村妙子 134
中村天風 57
中村保佑 144-146
中森明夫 24, 26
夏目漱石 208-209
那波かおり 200

に

ニーチェ(, フリードリヒ・ウィルヘルム) 70-71
西口正史 219-221
西橋 悦 201-203
西村寿行 57
瓊瓊杵尊 95
仁徳天皇 95

の

野村 進 44
野村恒彦 141-143

は

灰谷健次郎 49 50
萩 耿介 181-182
爆笑問題 154
橋本 治 187-188
橋本 薫 36-38
長谷川等伯 180-182
畑中弘子 99-101
畑中 寛 212
バック, リチャード 222
パディリア, グラツィエラ 135, 137
馬場あき子 100
早川茉莉 78, 80
早川聞多 104
早川良雄 65
林 あまり 194
林 佐江子 165-167
林 淳子 12-14
林 善一郎 123-125
林 未来 24-26
葉山ほずみ 30-32
原坂一郎 84-86
原田マハ 182
原田康子 162-164
バルタン星人 86
バルテュス 139-140
バロン, ジェイムズ 178-179
番匠 守 177-179

ひ

ピーター 133
ピーチ姫 55
東田直樹 114-116
東野圭吾 205
東山千素 45
ピカソ(, パブロ) 139
久松文雄 93, 95
土方 巽 137, 139
ひし美ゆり子 86
ビナード, アーサー 134
ビブリオ堂ちんげんさい 156
百田尚樹 130-131
ヒュラス 33
ヒル, ナポレオン 27, 29

ふ

フィッツジェラルド(, フランシス・スコット) 70
フォーサイス, フレデリック 57
福田隼人 150-152
福永祥子 96-98
藤井研二 216 218
藤沢周平 57, 163-164
藤本啓子 69-71
藤吉雅春 42, 44
藤原月彦 39
藤原昌高 113
藤原龍一郎 39
武道由佳子 111-113
ブラウン, マーガレット・ワイズ 173
ブラックウッド, フレヤ 134
フリント, アンソニー 20
フローベール, ギュスターヴ 77
ぶんちゃん 80

へ

ヘアー, シリル 143
ペギラ 86
ヘミングウェー(, アーネスト) 70-71
ベリッツ, チャーリーン 58-59

ほ

茅盾 92
ぼうずコンニャク 113
星 新一 66-68
穂村 弘 193-194
ホメロス 21
堀江敏幸 14, 224
堀 忠 120-122
ホロビッツ, ウラジーミル 177-178
本多猪四郎 85
本田千恵子 126-128
本田信親 114-116
ホンマタカシ 12-13
本町 靭 210-212

ま

マーク 132
前林清和 124-125
マストロヤンニ, マルチェロ 25
松尾芭蕉 185
マッカーサー(, ダグラス) 216
松下幸之助 204, 206
松下麻理 189-191
松永美穂 200
松原俊生 207-209
マティス, アンリ 12
(北島)マヤ 127-128
マリオ(, マリオ) 54-55

マンホールマン 36

み
美内すずえ 127-128
三浦暁子 89
三浦しをん 105, 107
三浦 徹 183-185
三國清三 205
三坂美代子 129-131
三島由紀夫 40
水木しげる 157-158
溝口優司 109-110
ミッツ・マングローブ 31
皆川 明 224
南 伸坊 72, 74
美保 純 187
宮沢賢治 25, 98, 171, 193
宮武外骨 55-56
宮本常一 212
宮本 輝 60
ミラー，ティモシー 120-122

む
向田邦子 57
棟方志功 184

め
メリザンド 33
メリュジーヌ 34

も
モア，フランツ 177-179
莫言 91-92
モーゼス，ロバート 19
モスラ 84
本居春庭 48
元永定正 81, 83
モモ 97-98
モラスキー，マイク 87-89
森岡めぐみ 33-35
森 榮枝 90-92
森下典子 203
森島章人 40-41
森本アリ 18-20

や
矢崎和彦 147-149
安田英俊 87-89
柳田国男 100
柳 宗悦 183-185
山鹿比那子 66-68
山田風太郎 146
山田 麦 39-41
山村幸則 63-65
山本兼一 52-53, 181-182
山本周五郎 164
山本太郎 135
山本真知子 213

ゆ
結城 聡 15-17
柳 美里 31
ユキ(岩倉雪彦) 106
夢野久作 138
夢枕 獏 129, 131
湯本 優 175-176

よ
楊貴妃 131
横溝正史 60, 141-143
横山秀夫 205
吉川英治 161, 163-164
吉澤嘉代子 194
吉田兼好 130
吉田茂 216
吉田富夫 92
吉田光邦 65
吉原治良 13
ヨハンナ 34

ら
ライラント，シンシア 132-134
ラドン 86
ラベル(，ジョセフ・モーリス) 33, 159
蘭 精果 40-41
ランドストロム，メグ 58-59
ランペドゥーザ，ジュゼッペ・トマージ・ディ 22-23

り
李徴 73
リリー・フランキー 154
リンドバーグ，アン・モロウ 172-173
リンドバーグ，チャールズ 172

る
ルートヴィヒ二世 159-161
ルービンシュタイン，アルトゥール 178
ルソー，アンリ 182

れ
(兵藤)怜子 162
レオニ，レオ 195, 197
レックス，マヤ 135, 137
レッドキング 84

ろ
ロス，キューブラー 69

わ
ワーグナー，リヒャルト 160
ワイルド，マーガレット 133-134
ワイルド，オスカー 45
わかぎゑふ 88-89
若柳吉金吾 159
若柳吉金吾(初代) 159
脇 功 23
渡辺つとむ 108
渡邉泰彦 20
和田 誠 68

書籍、レーベル、雑誌、新聞名索引

数値・欧文

9番目の音を探して 30-32
一九四五年夏 はりま 219-221
一九四五年夏 満州 221
BALTHUS 139-140
ELEMENTARER TANZ 135, 137
EPITAPH東京 60, 62
GINZA 32
GORILLA My God 67-68
JR時刻表 17
JTB時刻表 15, 17
JUNE 39-41
Leprosy in Premodern Medicine 122
Little tree 83
PHP 206
The Birth of the Hospital in the Byzantine Empire 122

あ

赤い蝋燭と人魚 96-98
明石 169-170
アフリカで誕生した人類が日本人になるまで 108-110
蛙鳴 91-92
アメリカ南部の家庭料理 151-152
暗黒のメルヘン 138, 140
暗殺の年輪 164
アンジェリク 34

い

イタリア紀行 21, 23
岩波文庫 21, 23, 185, 209
インナーパワー 175-176

う

ヴァン・ゴッホ・カフェ 132, 134
浮世絵春画を読む 103
兎の眼 50
海からの贈りもの 172-173
海霧 163-164
運命の法則 57, 59

え

映画秘宝 86
英国風の殺人 143
エッセンス・オブ・久坂葉子 78, 80
絵解き ヨーロッパ中世の夢 34-35
エレメンタリーダンス 137
エンデ全集 98
鉛筆の先っちょ 37-38

お

お家さん 147, 149
老いの戒め 167
老いの覚悟 167
岡村靖幸 結婚への道 30, 32
オシャレ泥棒 24
鬼の研究 100
鬼の玉手箱 99-101
鬼火・完全版 143
お星さんが一つでた 49-50

か

外骨という人がいた! 55-56
怪獣大図鑑 84, 86
海賊とよばれた男 130-131
帰って来た桃尻娘 188
学生時代にやらなくてもいい20のこと 119
風が強く吹いている 105, 107
風が強く吹いている(漫画版) 107
風が吹く時 143
風と共に去りぬ 34
家族という病 165, 167
かたち 日本の伝承 65
花鳥の夢 181-182
火天の城 182
角川文庫 143, 209
神様が持たせてくれた弁当箱 166-167
カムイ伝講義 104
かもめのジョナサン 222-223
ガラスの仮面 127-128
からだにおいしい魚の便利帳 112-113
かりん 100
ガロ 25

き

キツネ 134
君といつまでも―若大将半生記 123, 125
狂王伝説 ルートヴィヒ二世 160-161
きりん 13-14, 49-50
「きりん」の絵本 13-14
きりんの本 50
近代以前の医学におけるハンセン病 121-122
金と銀 142

く

苦海浄土 76
九月、東京の路上で 220-221
熊の敷石 224
クレーの絵本 197
クレーの天使 196-197

け

稽古の言葉 136-137
月光の揚力 40-41
ゲラダヒヒの紋章 157
元気なうちの辞世の句300選 184-185
現代推理小説大系 142

こ

小石川の家 213, 215
幸田文全集 215
講談社文芸文庫 170
講談社漫画文庫 212
神戸 168-170
神戸・続神戸・俳愚伝 170
神戸大空襲 61-62
神戸ものがたり 79-80, 190-191
甲陽軍鑑 28-29
獄門島 142

心偈 183, 185
孤愁の岸 161
五重塔はなぜ倒れないか 110
滑稽新聞 55
子ども詩人たち 50
子どもの館 38
この本をかくして 133-134
小林カツ代 料理の辞典 111, 113
コバルト文庫 24
ごぶごぶ ごぼごぼ 82-83
古窯遍歴 64-65
こんなこと(あとみよそわか) 214-215

さ

最強のふたり 218
さるのこしかけ 154
沢田マンション物語 18-20
山月記 73-74

し

シーシュポスの神話 69, 71
ジェイコブズ対モーゼス 20
シェエラザード 205
思考は現実化する 27, 29
詩のこころ・美のかたち 46-47
芝居上手な大阪人 88-89
シビックプライド 189, 191
自分道 51, 53
自閉症の僕が跳びはねる理由 115-116
自閉というぼくの世界 114, 116
社会防災の基礎を学ぶ 124-125
沙門空海唐の国にて鬼と宴す 129, 131
ジャングルの子 199-200
週刊朝日 203
週刊文春 44
春画入門 154-155
春画 秘めたる笑いの世界 102, 104
少女は卒業しない 119
少年動物誌 157-158
縄文人に学ぶ 108-110
松林図屏風 181-182
白洲次郎 占領を背負った男 216-218
シンジケート 193-194
人生で大切なことは海の上で学んだ 218
新青年 142-143
新潮新書 110
新潮文庫 71, 74, 98, 158, 164, 209
新風土記叢書 170

す

スイミー 197
図解! あなたもいままでの10倍速く本が読める 76
頭蓋の形態変異 110
図工準備室の窓から 117, 119
スコブル 55
スタインウェイができるまで 178-179

せ

せかいいちおおきなうち 197
世界地図の下書き 118-119
世界は蜜でみたされる 40-41
全国鉄道事情大研究 16
全国鉄道事情大研究 神戸篇 16-17
戦後日本のジャズ文化 87, 89

そ

蒼穹の昴 205
続・道をひらく 206
その後の仁義なき桃尻娘 188
ソフトバンク新書 110

た

たいせつなこと 173
大千世界の生き物たち 36, 38
大特撮 85
たいのおかしら 154
大復刻怪獣大図鑑 86
太陽の子 50
宝島 26
滝沢馬琴 161
蛸の八ちゃん 210, 212
タコは、なぜ元気なのか 211-212
立川文庫の英雄たち 50
食べて、祈って、恋をして 199-200
タルホ大阪・明石年代記 170
だれも知らない小さな国 156
男爵九鬼隆一 明治のドンジュアンたち 218

ち

ちくま文庫 29, 56, 100
父 215
父の石楠花 163-164
中原の虹 205
蝶々殺人事件 142

つ

ツァラトゥストラかく語りき 70-71
次の本へ 78
椿の海の記 76-77
椿山課長の七日間 205
翼よ、北に 173
罪の声 145-146
徒然草 130

て

ディズニー名作絵話 126, 128
鉄道ピクトリアル 17
天狼 170

と

東京トンガリキッズ 24-26
等伯 180
遠野伝承の人・佐々木喜善 101
遠野物語 100-101
トム・ソーヤーの冒険 156
ドリトル先生ものがたり 156

な

なずな 224
七人の犯罪者 66, 68
南無阿弥陀仏 185

に

日輪の遺産 205
日経ビジネス人文庫 182
日本のかたち 63, 65
ニューヨーク・タイムズ 179
庭と日本人 110
任天堂公式ガイドブック スーパーマリオワールド 54-56

ね

鼠 148-149

の

のじぎく文庫 62
ノンフィクションを書く! 44

は

ハーバード大学は「音楽」で人を育てる 43-44
俳句 170
はいくないきもの 223-224
驟り雨 163-164
はてしない物語 98
花とゆめ 128
華の碑文 159, 161
早川書房 92, 141, 200
ハヤカワ・ポケット・ミステリ 142-143
バルテュス、自身を語る 140
パワー・オブ・フロー 58, 59
挽歌 163-164
パンとペン 188
ハンバーガーの本 150, 152

ひ

ピアノの巨匠たちとともに 177, 179
東ローマ帝国における病院の発祥 120
火の鳥 95
日の名残り 90, 92
日はまた昇る 70
日日是好日 203
ぴんくりんく 186

ふ

ブヴァールとペキュシェ 77
風姿花伝 46-47, 137, 159
福井モデル 42-44
婦人子供報知 212
物物 12-14
プラネタリウムのふたご 25-26, 193-194
ぶらんこ乗り 25, 192, 194
プリズンホテル 205-206
ブルックリンでジャズを耕す 32
フレデリック 197
文學界 74, 149
文春文庫 182

へ

平凡パンチ 37
ペツェッティーノ 195-197
別冊映画秘宝 特撮秘宝Vol.1 86
別冊ライトニング 152
へろへろ 144, 146

ほ

法の悲劇 143
ポーの話 193
北海文学 164
鉄道屋 205
ホトトギス 209
ボバリー夫人 77
本陣殺人事件 142
ほんまにオレはアホやろか 157-158

ま

マジック入門 207-209
「学ぶ」ということの意味 201, 203
まんがで読む古事記 93, 95

み

ミステリマガジン 141
水の音楽 33, 35
道をひらく 204, 206
みづゑ 74
壬生義士伝 205
未来のための江戸学 103

む

麦ふみクーツェ 194

も

もこ もこもこ 81, 83
持たない暮らし 167
モモ 97, 98
ももこの話 153, 155
桃尻娘 187-188
もものかんづめ 154
モンガイカンの美術館 72, 74

や

やちまた 48, 50
大和古物散策 167
山猫 23
山深き遠野の里の物語せよ 100-101

ゆ

夕刊流星号 48
夕暮れに苺を植えて 48, 50

ら

ライオンのひみつ 134
ライトニング 150
楽園のカンヴァス 182
らくらく読める古事記・日本書紀 94-95
ランペドゥーザ全小説 23

り

利休道歌に学ぶ 174, 176
利休にたずねよ 52, 53
料理の哲学 205
李陵・山月記 74

わ

吾輩は猫である 208-209
「わかる」ということの意味 203

次の本へV3しごと編

神戸新聞「次の本へ」取材班
（平松正子，太中麻美，新開真理，堀井正純，松本寿美子）

2018年12月12日　初版第1刷発行

装幀	原 拓郎
イラストレーション	朝野ペコ
索引校正協力	川浦 司（storage books）

発行者
石井伸介

発行所
株式会社苦楽堂
http://www.kurakudo.jp

〒650-0024　神戸市中央区海岸通2-3-11昭和ビル101
Tel & Fax:078-392-2535

印刷・製本　中央精版印刷株式会社

ISBN 978-4-908087-09-7 C0095

本文仕様

しごと名	ゴシックMB101 Pro B（モリサワ）
取材対象者名	FOT-筑紫明朝 Pr5N L（フォントワークス）
書名	FOT-筑紫A丸ゴシック Std B（フォントワークス）
タイトル	FOT-筑紫明朝 Pr5N D（フォントワークス）
本文	FOT-筑紫明朝 Pr5N M（フォントワークス）
欄外脚注	FOT-筑紫明朝 Pr5N R（フォントワークス）

装幀仕様

カバー	OKトップコート＋/四六判Y目135kg ※仕上げ＝マットPP
オビ	OKトップコート＋/四六判Y目110kg ※仕上げ＝グロスPP
本表紙	サガンGA/ロイヤルブルー /四六判Y目170kg
見返し	ディープマット/クリーム/四六判Y目100kg
別丁扉	ディープマット/ホワイト/四六判Y目100kg
本文	OKプリンセスローズ/四六判Y目66kg